JN075718

あなただけの天使に出会える

Angel Book
エンジェル ブック

Yasuko

VOICE

はじめに

　はじめまして。

　あなたの"内なる魂の声を呼び覚ます"お手伝いをしている、「Soul Lift Artist」のYasukoです。

　あなたは、あなただけの守護天使が存在していることを知っていましたか？

　あなたの守護天使とは、あなた1人だけのあなたの専属の天使のことです。

　守護天使は、誰1人として欠けることなく、すべての人に付いてくれています。

　守護天使は、あなたが生まれた時からあなたと共にいる、とても身近な存在です。

　守護天使は、あなたが人生で遭遇する喜怒哀楽やすべての出来事をずっとそばで見守りながら、あなたが本当の"あなた自身"を生きるためのサポートをしています。

　守護天使は、あなたが持って生まれた才能を活かして、こ

の世界で幸せに生きるために、時には厳しく叱咤激励することもあれば、時にはあなたを無条件の愛で包み、ただただ癒してくれる存在だったりもします。

　あなたは、自分では気づいていなくても、守護天使にいつも見守られているのです。
　そんな守護天使は、愛と光の存在です。
　あなたも、あなただけの守護天使に会ってみたいと思いませんか？

　実は、私はあなたの守護天使を見ることができるのです（もちろん、その際にはあなたの許可が必要です）。
　これまで私は、「グレート・ガーディアン・ガイダンス（Great Guardian Guidance）」のセッションを通して、約6000人の方の守護天使とつながり、その方の守護天使からのメッセージをお伝えしてきました。

　どんな人にもその人だけの唯一無二の才能があるのですが、ほとんどの人はそのことに気づいていないか、そのことを心のどこかでわかっていながらも、常識や固定観念、もし

くは、理性や思考でそれらを打ち消したりしながら生きている
のです。

　でも、私がその人の天使からのメッセージをお伝えすると、
誰もが忘れかけていた本当の自分を思い出し、その人らしい
新たな人生の一歩を踏み出しています。

　あなたの守護天使がどんな守護天使かを知るためには、
リーディングが必要ですが、本書では、あなたも自分の守
護天使がどんな天使かを知ることができるような仕組みをつ
くってみました。

　本書を通して、あなたはご自身の才能だけでなく、この人
生での目的なども知ることができるのです。

　また、守護天使とはどんな存在であるか、についても詳し
くご説明していきます。

　この本では、守護天使のことをシンプルに「天使」という
言葉を使ってお話ししていきますが、最初に私が天使と出会
うまでの人生の旅路（ジャーニー）からお話ししていきたいと思います。

　なぜなら、私は自身のミッションである、「天使からのメッ
セージを伝える」ということに気づくまで、波乱万丈の日々

〰〰〰〰〰〰〰〰〰〰〰〰〰〰〰〰〰〰〰〰〰〰〰〰〰

を送ってきたのですが、そんな私もまた、私だけの天使に見守られながら、ここまでたどり着いたからです。

　あなたにも、あなたの天使からのメッセージを届けたい！
　あなたにそのメッセージを届けることが私のギフトであり、役割であり、何より、私の幸せでもあるのです。

　さあ、それでは今から、あなただけの天使に会いに行きましょうか！
　あなたがあなたの天使との出会いを果たし、"本当のあなた"を生きられますように。

　　　　　　　　オーストラリア・ゴールドコーストの
　　　　　　　　広い空が見える水辺の自宅にて

　　　　　　　　　　　　　　Yasuko

〰〰〰〰〰〰〰〰〰〰〰〰〰〰〰〰〰〰〰〰〰〰〰〰〰

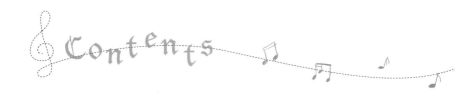
Contents

はじめに 3

 第3章　あなただけの天使とつながるために

 第4章　12 の天使──
聖なるギフトに気づき、人生を輝かせる

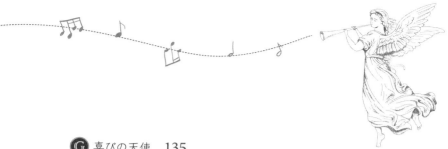

第5章　　天使との約束を果たすために

第1章

私が天使と出会うまで

空が友達だった子ども時代

　幼い頃の私は、どこにでもいるような普通の女の子でした。

　どちらかというと、大人しくて内向的で、クラスでも目立たないタイプだったと言えるでしょう。

　2歳年上の姉と6歳年下の妹という3人姉妹の真ん中で育った私ですが、社交的で話し上手な姉とは真反対のタイプだったかもしれません。

　というよりも、明るくてそこにいるだけで"華のある"姉がいつも隣にいたことで、自然と姉の陰にひっそりと隠れて生きているのが当たり前になっていたかもしれません。

　そんな環境下で育った私は、子どもの頃から常に自分の意識は外側よりも内側に向いていたと言えるのですが、意外にもスピリチュアルの世界とはまったく無縁でした。

　スピリチュアルの世界に携わっている方が自分の子ども時代を語る際には、ほとんどの方が「小さい頃から不思議な体験をしていた」「目に見えないものが見えていた」というようなエピソードを語っています。

　でも、私はと言えば、とにかく怖がりでオバケや怪談話がダメで、見えない世界イコールおばけ、と思っていたよう

で、意図的に目を逸らしていました。

　実際には、目に見えない世界があることを否定はしていませんでしたが、関心を持とうとはしませんでした。

　そんな私が今、皆さんの天使とつながり、メッセージを伝える日々を送っているのは自分でも本当に想定外なのです。

　それでも今、思い起こせば、子どもの頃から私は見えない世界と知らず知らずのうちにつながっていたのかもしれません。

　子どもの時代の私には、クラスに友達がいませんでした。

　正直に告白すると、初めて友達ができたのは、小学校5年生になってからだったのですが、私はひとりぼっちでも、ちっとも寂しくなかったのです。

　なぜなら、これは誰にも話したことはないのですが、私はいつも空と会話をしていたからです。

　当時の私は、クラスで皆がグループをつくって遊んでいる中、1人でいることが普通だったし、学校から帰る時も1人でした。

　でも、人見知りだから友達がつくれない、というわけでもなく、自宅の近所では遊ぶ子たちもいたし、家に戻れば姉や妹もいるので特に寂しさを感じていたわけではありません。

　学校も好きで、皆勤賞をもらったほどで、自分なりに平和な日々を送っていたのです。

　私はただ、「気が合う友達なら欲しいけれども、無理につくらなくてもいいかな。まあひとりでもいいや」というくらいの気持ちでした。
　ちなみに小学校5年生で最初に友達になった子とは、初対面から「この子とは友達になれる！」と直感的にわかり、数十年経った今でも仲良しです。
　ということは、小学校5年生になるまで、私には友達になれると思った子に出会えなかった、ということだったのかな、と思っています。

　けれども、そんなひとりぼっちの私を、母親はやきもきしながら毎日心配していました。
「今日は誰と帰ったの？」
　学校から戻ると、母親に問い詰められたりもしました。
　1人で帰ったことを話すと、子ども心に母親は怒るだろうということはわかっていたので、あえて「誰と帰ったか忘れた！」などと答えていました。
　すると母親は、「さっき帰ったばかりなのに、忘れるはずないじゃない！」と叱ってきます。
　そして、そんな私に社交的な母親は「友達づくりもできな

いのは、ダメな子」という烙印を押すのでした。

　母親が自分のことを心配してくれているのはわかるのですが、内気な性格だと叱られるたびに、「どうして、私のことをわかってくれないんだろう」と、子どもながらに生きづらさみたいなものを感じていました。

　でも先述のように、私はひとりぼっちではなかったのです。

　学校から帰る道すがら、毎日、私は空を見上げながら、「今日はこんなことがあったんだよ」とか、「明日は、○○をするんだって！」などと空に語りかけていたのです。

　すると空の方も、「そうなんだね。それは面白そうじゃない？」と返事を返してくれるのです。

　それは、一方的な語りかけではなく、自分の中では、きちんと会話のキャッチボールができているものだったので、当時の私にとっては、空が一番の私の理解者でもあったのです。

　発達心理学の世界では、子どもの成長過程において、時には「イマジナリーフレンド（想像上の友達）」とか「インビジブルフレンド（見えない友達）」がいるといわれたりもしますが、私にとって空はそのような類の友達だったのかもしれません。

　もしくは、私はすっかり空と会話をしていると思いこんで

いたのですが、実は、自分の天使と話をしていたのかもしれません。

直感で決めたヘアメイクの仕事

見えない世界とはまったく無縁だった私ですが、それでも今思うと、人生の大きな分岐点で選択をする際には、普通なら理性や経験にもとづいた判断をするはずなのに、なぜか直感的に、それも瞬時に大きな決断をしていることがいくつかありました。

ヘアメイクという仕事に就くことを決心した瞬間も、まさにそのひとつです。

それは、高校3年生だったある日のこと。

高校を卒業したら、同級生の誰もがそうであるように、私も普通に大学か短大に進学する予定にしていたので、学生生活は受験勉強に日々いそしんでいました。

その頃は、「将来は、こんな仕事をしたい！」という夢を特に抱いていたわけでもなく、将来の仕事についても、まずは進学してから考えよう、というくらいだったと思います。

ところが、それはある日突然、やってきたのです。

　私の実家は、映画やドラマの撮影スタジオが集まる場所の隣町だったので、ロケ隊が普通の住宅地でロケをしていることがしばしばありました。

　その日も、家のベランダ越しにロケ隊が見えたので、しばらく眺めていたら、ふとした瞬間に、私の視線はある光景に釘付けになったのです。

　それは、当時大人気だった俳優、ショーケンこと故・萩原健一さんの姿でした。

　ただ、私の視線が釘付けになったのは萩原さんの方ではなく、萩原さんにメイクをしていたメイクさんの方だったのです。

　その瞬間に私は、「あ、私はこの仕事をするんだ！」と思ったのです。

　それはもう、「こうなりたい！」ではなく、「私はこうなるんだ」という確信に近いものでした。

　ちなみに、私は特に萩原さんのファンだったわけでもないし、芸能人好きのミーハーなタイプでもありませんでした。どちらかといえば、芸能界にはうとい方だったと思います。

　だから一見、華やかに見える現場の状況に憧れて、この仕事を通して「芸能人に会いたい！」なんて言うつもりなどは、まったくありませんでした。

　もちろん、それまでメイクのことに特別に興味があったわけでもありません。それでも、そのメイクさんの姿を見た時に、私は「自分が将来進むべき道は決まった」と思ったのです。

　そんな私の突然の方向転換にびっくりしたのは、両親や学校の先生です。

　なにしろ、それまで受験勉強一筋でやってきたのですから。

　けれども、もはや迷うこともなかった私は、早速メイクを職業にするにはどうすればいいのかを調べることにしました。

　すると、当時スタイリストを目指し、すでに撮影業界に知り合いができていた姉が、その後、姉の師匠となるスタイリストの方に聞いてくれて、「メイクを職業にするならメイクだけでなく、ヘアのことも学ばないといけない」ということを教えてくれました。

　つまり、それは「ヘアメイク」という職業だったのです。

　そこでひとまず、高校卒業後は美容専門学校に入ることにしましたが、親も先生も私の情熱を前にしては、何も反対はしませんでした。

ヘアメイクを教えることで開眼

一旦、将来の道を決めた後は、すべてのことがスムーズに運びました。

美容学校に入った私は、まずは美容師としての知識や技術を身につけました。

卒業後は幸運なことに、一流のヘアメイクさんが活躍するヘアメイク事務所に所属することができました。

そして、女性雑誌のファッションページのヘアメイクなどを主に担当するようになったのです。

当時は今と違って雑誌の数も多く、モデルさんたちも外人モデルが多い時代。予算も多く、大がかりなプロジェクトも多い中、夢中で数多くの仕事をこなしながら、キャリアを重ねていきました。

しばらくして、その後結婚した夫の仕事に同行してオーストラリアに住むことになりました。

ちょうどそのころ、海外ロケの際に感じた開放される感覚が忘れられず、いつか広い空の下に住みたいと強く願っていたので、日本でのキャリアを捨てることに躊躇はありませんでした。

今までの生活で得たことを失うことよりも、未来へのワク

ワク感の方が強かったからです。

　きっと、この時も天使がそのように取り計らってくれたの
でしょう。

　オーストラリアでは息子たちも小さかったので子育てにも
奔走していましたが、当時は、バブル時代の全盛期。日本
の撮影隊が、日本とは季節が逆のオーストラリアでのファッ
ション撮影によく来ていた時代でした。

　私は子育ての合間に、日本からの撮影隊に参加すること
も多く、撮影のヘアメイクの仕事はそのまま続けながら、ブ
ライダルヘアメイクの仕事もはじめていました。

　しかし、時代は変わり、バブルも弾けて、ロケ隊の数も
激減しました。

　すると友人が、「メイクを教えてみたら？」というアドバイ
スをしてくれたのです。

　それまで、メイクを教えるなどということは考えてみたこ
ともなかったのですが、「面白いかもしれない！」と、ヘアメ
イクの仕事も続けながら、メイク教室を開くことになりまし
た。

　一般の人にメイクを教えることは、私にとっては、新たな
発見の連続でした。

　まず、撮影の仕事でメイクする人たちは、モデルや役者といういわば“外見がプロ”の人たちです。彼らはすでに整った顔をしているだけでなく、自分がどう魅力的に見えるかという“魅せ方”も知っている、自分に自信がある人たちです。

人はメイクで意識を変えることができる！

　でも、普通の人たちは、そうではありません。

　顔も小顔ではないし、その形だって丸い人もいれば、面長の人も、四角い顔の人もいます。目の大きさも、細かったり、大きかったり、二重だったり、一重だったりなどさまざまです。

　鼻だって大小の違いから高い、低いの違いまで。また、頬骨が高いのは西欧では美人の条件だったりしますが、逆に頬骨が高いことが悩みの人もいるのです。

　さらには、肌の色が白くて血色が悪く見えることを悩んでいる人もいれば、もともと健康的な小麦色の肌をしている人なら、白く透き通るような肌に憧れていたりします。

　レッスンをはじめる前に、生徒さんたちにシートを渡して「自分の顔でどこが好き？」という質問に答えてもらおうと

すると、ほとんどすべての人が自分の好きな部分は書きません。

　一方で、「きらいな部分は？」という質問には、誰もが自分のコンプレックスの部分を長々とリストアップするのです。

　人は、自分にないものを求めてしまうものです。

　自分の顔にコンプレックスがあると思い込んでいる人たちにとってのメイクは、自分の欠点をどうやって隠すか、どうやってごまかすか、という手段だということがわかりました。

　別の言い方をするなら、人は自分のチャームポイントには、ほとんど気づいていないのです。

　たとえば、まつげが長い人に、「きれいなまつげですね。日本人で、こんなにまつげが長い人は、あまり見たことがないわ。きれいにカールをして、マスカラで強調してあげるだけで、目がパッチリしてすごく素敵ね！」

　と言うと、それまで自分のルックスに自信がなくうつむきがちだった方が、「え？　そうですか？　自分では気づきませんでした！」と花が咲いたように表情が明るくなるのです。

　レッスン前と、レッスン後の写真での変化を見た瞬間の生徒さんたちの自信を得た表情の輝きは、毎回感動を覚えるほどです。

「人はメイクで意識も変われるんだ！」

　一般の方々に、「メイクとは、コンプレックスをカバーするものではなく、その人の美しい部分を引き出したり、より引き立てたりするもの」ということを、レッスンを通して教えることに、私も喜びとやりがいを感じるようになりました。

外側からだけでなく、
内側からもきれいにしたい！

　クラスでは、生徒さんたちに自分のメイク用品をすべて持ってきてもらい、手持ちのメイク用品でその人だけの美しさを叶える、というレッスンを行っていました。

　ところが、だんだんとあることがわかってきたのです。
　それは、「人は外側だけでなく、内側もきれいでないと本当に美しくはなれない」ということです。
　たとえば、レッスンには高級ブランドのコスメをたくさん持って来られる方もいます。

　でも、いくらメイク道具にお金をかけても、また、プロの

メイク技術を習得したとしても、その人が、自分の顔立ちを嫌い、そのコンプレックスから、あこがれの女優の顔に近づこうとしても、当然ながら本来の美しさは引き出されず、ただの虚飾になってしまうのです。

　私はメイクに携わることで、人は内側と外側の美しさのバランスが整ったときに、内側からの輝きが増し、誰が見ても本当にきれいだと感じられる人となるのだと気づいたのです。

　その時から私は、「人の内面にも携わっていきたい！」と思うようになりました。

　その頃には、すでに天使のメッセージを伝えることができるようになっていました。

　でも、その当時はまだ今のようなセッションの形ではなく、自分なりに模索しながら「ヒーリング・メイクアップ」という形で、メイクレッスンとリーディングを行い、メイク法とともに内面の美しさも磨くレッスンを行っていました。

　それにしても、なぜ私が高校生のあの時に、ロケ現場のヘアメイクさんを見ただけで、一瞬の迷いもなくヘアメイクの仕事に就こうと思ったのでしょうか。

　1つだけ確実に言えることは、その時に決心した道が、今私がやっていることにそのまま通じている、ということです。「メイクというツールで、その人の魅力を引き出し、より自

信を持って生きてもらう」ということと、その人の天使を
リーディングして、「自分の素晴らしさに気づき、それをこ
の世界に活かしながら幸せに生きてもらう」ということは、
私にとってまったく同じ方向性なのです。

　もちろん、その手段として「外側から」と「内側から」と
いうアプローチの違いはあります。
　けれども、もし私の魂のミッションが「その人の美しさを
思いきり輝かせるためのお手伝いをする」ということならば、
高校生のあの時の直感的な決意は正しかったのです。
　人は、その時にはわからなくとも、自分の直感に従うこと
で自分のあるべき姿の方向へときちんと導かれるものなので
す。
　高校生のあの日、ショーケンのヘアメイクさんを見かける
ように仕向けたのも、もしかして天使の仕業だったのかもし
れません。

癒しの世界に生きることを決意した神秘体験

　さて、スピリチュアルの世界とは無縁だった私が、初めて
ヒーリングの世界に導かれたのは、今から20年くらい前の
ことです。

　ある出来事を体験したことで、私は「いつかは人を癒せるようになりたい！」という目標を持つようになりました。

　それは、ある1つの神秘体験がきっかけでした。

　当時はヘアメイクの仕事と主婦・母親業に専念していた頃ですが、日本に帰国時に姉に「気功治療」の先生を紹介されたので、気軽な気持ちで会いに行ってみることにしたのです。

　当日、初めて会ったその先生は私の身体には触れず、椅子に座っている私の周囲をくるくると踊るようにして回り、私の身体から何かを取り除いているような仕草をしていました。

　すると突然、目を閉じて頭をもたげていた私の背筋が上から何かに引っ張られるようにピンと伸びはじめると、目を閉じているまぶたの向こうがまぶしい光でいっぱいになり、私は光に包まれるような感覚になりました。

　その光のパワーに圧倒されて戸惑いながらも、それでも、光から祝福されているような感覚だけはわかったのです。

　いつしか気づけば、ただ感謝の気持ちだけがこみ上げてきて、涙が止まりません。そのまま私は、30分間ほど泣き続けたのです。

　施術が終わり、やっと私は我に返りました。そして先生に、

「あれは何だったのですか？　一体何が起こったのですか？」と訊ねました。

　すると先生は、「こんなふうになったのは、あなたが初めてなので、よくわからないのです……」と答えるだけでした。

　とにかく私にとっては、こんな衝撃的な体験は人生で初めてだったので、何が自分に起きたのかを確かめたくて、再び数日後に予約を入れることにしました。

　すると、施術がはじまるやいなや、再び前回と同じように、私はただ至福の光に包まれて感謝の涙を流し続けたのです。

　私にとって、それは人生で初めての感動的な神秘体験でした。

　その時、自分の中に啓示のように「いつか、人を癒せるようになりたい」という思いが降りてきたのです。

　そこから、私は少しずつヒーリングを学びはじめました。

　ただし、どこから何を学べばいいかもわからないので、とりあえず友人がレイキを教えていたのでレイキからはじめることにしました。

　その後は、さまざまなヒーリングや心理学関係のワークショップに参加することになりましたが、人に対してリーディングを行うまで、そこから約4年間の学びの時期がありました。

　結局、あの時の光の体験がなぜ起こったのかは、今でもわかりません。

　でも今思えば、その後、皆さんに天使のメッセージを伝えるようになったのも、あの日のあの出来事がきっかけになっていると信じています。

　きっとあの日、私と天界は光の柱でつながったのだと思います。

夫との関係をきっかけに、 "人の心" を学びはじめる

　私がスピリチュアルの学びを深めるようになったのは、もう1つ理由があります。

　それは、「人の心を理解したい」という思いがあったことです。さらに言えば、「自分自身のことを理解したい」とも思ったからです。

「越えられない壁は、その人に与えられない」
「人生において、無駄なものは何ひとつない」

　これは天使もよく語る言葉ですが、私の人生にもさまざまな苦労や困難がありました。

　誰しもが人生において、何らかの形で失敗や挫折を味わったり、親子関係やパートナー・夫婦関係、そして職場における関係など、自分を取り巻くあらゆる人間関係につまずいたり、悩んだりしながら、人として成長していきます。

　私も例外なくその1人だったのですが、私にとって、特に葛藤が多かったのは夫婦関係でした。
　恋愛結婚で結婚した夫とは、オーストラリアという異国の新天地で20年以上もの年月を共に歩みながら、2人の息子たちを育ててきました。

　そんな人生のパートナーでもあった夫は、決して人には弱みを見せない強い人で、「男たるもの、こうあるべき」という典型的なかつての日本男児のような人でした。
　でも、そんな性格は別の見方をするならば、とても頑固でプライドの高い人でもあったのです。

　人間の性格とは、杓子定規で測るように「この人は、こうだからこんな人だ」と一言で言い切ることは難しいものです。
　というのも、人間の性格や性質はいわば多面体のようなものであり、多面体の回転する角度が少し変わっただけで、まったく違う形に見えたりするものだからです。

　たとえば、人に合わせることが上手な協調性のある人は、別の人から見れば、優柔不断に見えたり、自分という軸がない人に見えたりもします。

　また、ぐいぐいと皆を引っ張るリーダーシップのある人は、別の見方をすれば、人の意見を聞かない傲慢で冷酷な人に見えたりすることもあります。

　そして、そのどの見方も間違いではなく、またそのどれもが正しい、というものでもないのです。

　特に夫婦関係においては、その二者における関係性は、他の人からは理解できない世界があるものです。それでも私にとって、夫との関係は、常に精神的にも自分が試され、チャレンジを必要とするような関係でした。

　基本的に私の性格は、「人の心を知りたい」「相手とわかりあいたい」と思うタイプです。

　この思いは、今私が行っているクライアントさんの天使を見る、ということにダイレクトにつながる私の持って生まれた特性でもあるのです。

　結婚して以来、常に「夫が何を考えているのか」「どうして夫はそう思うのか」などを私なりに知りたいと思い、その上で、もし問題があるならば、話し合いながら解決していき

たいと思っていました。

　それが夫婦としての、そして、家族としての在り方だと思っていたからです。

　ところが夫は、私とは違って論理的思考の持ち主であり、何事も正しい・間違いなどはっきりと白・黒つけるようなタイプの人でした。

　2人の対話においても、頭の切れる夫にロジックで責め立てられると、私は次第に「自分が悪いんだ」と思うようになったのです。

　皮肉なもので、子どもの頃にも母親から自分のことを理解してもらえずに、自己否定をしていた頃と同じ感覚を、夫婦関係においても再び味わうことになっていたのです。

自分を理解するほどに、 　相手のことも理解できる

　そこで、私なりに「自分のどこが悪いんだろう？」という気持ちと、「夫をもっと理解したい！」という思いが募り、心理学関係や精神世界の本を読み漁っていた頃、1冊の本のあるフレーズに目が留まりました。

「相手を変えようとするのではない。まず、自分が変わることで物事が動きはじめる」

その言葉にはっとすると、そこから心理学をはじめとする、あらゆる精神世界関係のワークショップに参加するようになったのです。

そして、自分のことが少しずつ理解できるようになると、これまで自分に不足していたこともわかってきたのです。

数年間の学びを経て、私のものの見方や感じ方には、大きな変化がありました。

自分のことも客観視できるようになりましたが、一番大きな学びは、「自分のことを理解するほどに、相手のことも理解できる」ということでした。

夫の中に見え隠れする苦しみや葛藤も少しずつ理解できるようになると、私も少しずつ素直に自分を表現できるようになっていました。

こんな感じで過ごしていれば、いつかもっとお互いがわかり合える日がくる。そんな予感もありました。

ところが、そんな矢先に、我が家にある1つの事件が起きました。

夫が大きな額の借金を抱えていたことが明らかになったの

ですが、私は借金があるという事実よりも、そのことを夫から聞いていなかったことがショックだったのです。

「どうして、私に相談してくれなかったのだろう……」という思いでいっぱいです。
　決して私や家族に弱みを見せない夫は、私には毎月きちんとお金を渡してくれていたので、私は彼が借金をしていることなんて知る由もなかったのです。
　夫の「ちゃんと家族を守りたい。そのためには弱みを見せない」という選択が残念ながら仇となってしまったのです。

　けれども、借金とはいえ、オーストラリアの自宅を売ればその返済は可能だったので、私は自宅を売るべきだと提案しました。ところが、どうしても自宅だけは売りたくないと言う夫とは意見が合わず、しばらく平行線が続く間にも借金はどんどん増えていったのです。
　その後、結局はどうにもならず、家を手放すことになりましたが、私たち2人の価値観は、もうお互いを理解し合えないほど大きくかけ離れてしまいました。

　それまでは、なんとか夫を理解しようと努めながら、夫との関係において葛藤することは、私にとって一生向き合うべき魂の修行だとも思っていました。

　また、なんとか2人の関係も修復できたら、と懸命に学びながら頑張ってきた私でした。

　しかし、ついにそんな私も、「もう、ノーと言ってもいいんだ……」と、憑き物が落ちるように思えた瞬間がありました。

旅立ちのとき

　すでに息子たちも大きくなっていたことで、私は離婚を決意しました。
　私のこれまでの気持ちが臨界点に達した時、あっけないほど一瞬で心が決まりました。というか、もはや、お互いが人生を前向きに歩んでいくには、この道しか残されていないと思いました。

　それでも、自分の決心に揺さぶられて苦しむ日もありました。
　そんな時、突然、「旅立ちのとき。荷物を軽くしなさい」という言葉が降りてきたのです。
　それは、私の天使からのメッセージでした。
　その頃は、すでに私はクライアントさんに天使のメッセージを伝える仕事をはじめていました。

その言葉の意味は、当然ですが物理的な荷物のことを言っているのではなく、私の心の重荷のことを言っていたのです。

また、それまで自分のことを被害者のように感じていましたが、きっとこのことは、私のために起きた出来事だと気づいたのです。

私は、もう迷いませんでした。

そこから私は、1人で人生をやり直すことにしたのです。

突然、大海に投げ出されたような不安と孤独を感じながらも、必死で自立するために頑張りました。

幸運なことに、私にぴったりの賃貸の家が偶然見つかったり、ヘアメイクの仕事に加えて天使のセッションの予約も順調に入ったりしはじめました。

そして、新たにスタートした人生に、ようやく「これでよかったんだ」と思えた頃、ある知らせが入ってきたのです。

それは、元夫の死でした。

それは、彼が自ら選んだ死だったのです。

今度ばかりは、あまりのショックに思考は停止し、頭の中が真っ白になりました。

人はあまりにもショックを受けると、泣くことさえできないということを、この時、初めて知りました。

　果たして、人生をやり直すにはお互いが別々に生きていく
しかない、と決心したことが彼を死へと追い込んだのでしょ
うか。

「もしも、離婚しなかったら……、このことは防げたのかも
しれない」
　そう思うと、罪悪感でいっぱいで押しつぶされそうです。
何度も夫を支えたいと思い、でも一方では、もう関わりたく
もないという相反する思いがせめぎ合った結果、お互いのた
めにと勇気をふり絞ってやっと出した結論だったのに。

　さらには、残された息子たちがどれだけつらい思いをしな
ければならないか、と思うと、悲しみや罪悪感だけでなく怒
りの気持ちも湧いてくるなど、ありとあらゆる感情が交錯す
るばかりでした。
　もう、何も考えられないし、考えたくない。
　あの時の感情は、今でも描写する言葉が見つかりません。

エアーズロックにかかる
奇跡のダブルレインボー

　しばらくの間、私は精神的にもとことん参ってしまい、憔

ところでそん

しかもダブルレインボーでした。

　そのありえない光景に、私は目を疑いました。

　実は、オーストラリアの中でも雨の降らない乾燥地帯のこの土地で、虹が見られることなんて、まずないのです。それも、あろうことかダブルレインボーが現れるなんて奇跡に近いのです。

　その瞬間、あるメッセージが私の胸に飛び込んできました。

「君は大丈夫。頑張って！」

乾燥地帯のエアーズロックに掛かる奇跡のダブルレインボー

　それは、亡き元夫からの応援メッセージでした。

　もしかして、私が心のどこかでそう思いたいから、そう受け取ったのかもしれません。

　それでも、私の中ではそれは確信に近いものであり、そのメッセージを受け取ると、目の前の虹は涙で見えなくなりました。

　あの時、虹が現れてくれていなかったら、今の私はないかもしれないと思っています。

　どうしようもないほどズタズタの時に、私の天使は私にありえないシチュエーションで、虹という奇跡を見せてくれたのです。

「あなたは守られています」

　天使は、そのことをあのタイミングで教えてくれたのだと思います。

　誰もが「自分の人生」、というひとつの劇〈ドラマ〉の中で自分を演じています。

　今、振り返ると、今は亡き元夫は私の人生で時に"悪役"を演じてくれたのだと思っています。

　私が自分の内側を見つめてこの道を歩むために、そして、クライアントさんが自分らしい人生を生きるためのお手伝いをするためのガイド役として、私の人生に最もふさわしい形

で登場してくれたのが彼だったのです。

　今ではそんな彼には、私の人生にかかわってくれて、ま
た、私に「本当の自分を生きる」ということを教えてくれて
ありがとう、という思いでいっぱいです。

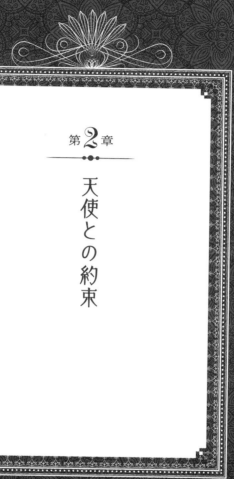

第2章

天使との約束

天使とつながった日

　それではここで、私が初めて天使とつながった日のことを
お話ししてみたいと思います。

　それは、あるヒーリングの講座の授業の中でまさに「天
使とつながる」というワークをした時のことです。

　その日の課題で、「天使とつながり、相手にメッセージを
届ける」というワークを行うことになった時も、私は自分が
天使とつながれるなんて夢にも思っていませんでした。

　それまで、そんな体験などは一度もなかったからです。

　けれども、それは起きたのです。

　インストラクターに導かれるまま、私は「天使に会えるな
ら見てみたい！」という好奇心で目を閉じていた時のこと。

　そこに天使がいたのです。

　もちろん、「いた」というのは実際の目で確認したわけで
はありませんが、第3の目を通して、天使の姿がそこにはっ
きりと見えたのです。

　私は早速、ペアを組んでいた参加者の方の質問に答える
ことにしました。すると、天使に質問を投げかけた途端に、

私ではない意識が私の口を通して突然、語り出したのです。

　相手の方は驚いていますが、一番驚いたのはこの私でした。

　私は、天使からのメッセージを伝えながらも、同時に愛としか表現できないエネルギーに包まれながら至福の感覚を味わっていたのです。

「天使とつながることは、こんなに簡単だったの？」

　目を開けて我に返ると、あまりにも簡単に天使とつながれたことに、自分でも拍子抜けしてしまいました。

　天使とつながることは、特別なことではありません。

　それは、起こるべきタイミングに、誰にでも起こり得ることだと思っています。

　今思うと私の場合は、自分を否定しがちだった私が、自分自身を肯定できるようになった時期に起きた出来事でした。

「天使とつながる」ことは、私だけができたり、霊感の強い人ができたりするというものでもないのです。

　実は、あなたも天使とはつながっているのです。

「つながる」ことがはっきりとわからなくても、あなたの深い部分では、あなたは天使といつでもつながっています。

　あなたにも、何気なく考え事をしていたら、「ピン！」とア

イデアが降りてくる瞬間などがあると思いますが、それらは天使からのメッセージだと言えるでしょう。

　また、自分のイメージの中でビジュアライズ（視覚化）する、という感覚も本当は特別なものではありません。

　たとえば、あなたがお店であなた好みのスカートを見つけたとします。

　そのとき、あなたは、「手持ちのあのセーターと色が合いそう！」とか「去年買ったあの靴とぴったり」とか「あのネックレスをつけるといいかも！」などと、そのスカートと合わせるコーディネートのイメージを持つことがあるはずです。

「天使を見る」という視覚的な感覚は、そんなイメージの延長線上にあるものです。

　あなたの天使は、あなたの一番の理解者です。

　ただし、そんなイメージもあなたがそれを望むから見えるのであり、あなたが自分に制限をかけたり、そのことを意識したりしない限り、天使は感じることも、ましてや見えることもありません。

　また、頑張って見る、というよりも当たりまえのように愛する心で呼びかける感覚です。天使は外からあなたの元へ呼ぶものではなく、すでにあなたのそばにいるのですから。

　あなたはただ、そのことを思い出せばいいのです。

　何より大切なことは、天使とつながることがゴールではないということです。
　天使からのメッセージを自分の人生に、現実の生活に活かせてこそ、天使とつながり、共に歩む幸せを感じることになります。

天使との約束を思い出す

　天使とのコンタクトがはじまったことがきっかけになり、私はクライアントさんの天使のリーディングをセッションでお伝えする活動をスタートさせることになりました。
　ありがたいことに、あっという間に口コミで、活動の幅が広がり、オーストラリアから年に数回帰国しては日本中を回りながらセッションを行う日々がはじまったのです。

　そして、すでにそんな日々にも慣れはじめていた３年前のある日のこと。
　突然、私は天使との約束を思い出したのです。
　オーストラリアで車を運転中に、それは何の前触れもなく、私の心に響いてきました。

「あなたは、生まれてくる前に自分で決めてきたことがあります。それは、天使からのメッセージを人々に伝えることで、その人の持つ大いなる力、可能性を呼び覚ますお手伝いをしていくことです」

　そのメッセージを受けた途端に涙があふれ出しました。

　私は完全に思い出したのです。それは、私が自ら決めて天使に宣言し、天使に送り出された約束だったのです。

　実際には、このことはすでにセッションを通して行っていたことではあったのですが、この日を境に、さらに自分のミッションを生きることに覚悟を決めることになりました。

　この時以降、それまでは目立つことも苦手だった私が、天使との約束を思い出したことにより、「多くの方々に天使のことをもっと知ってもらいたい！」と、天使のことを伝える本を出版したいとも思うようになりました。

　また、それまで個人セッションしか行っていなかった私ですが、天使とのつながりが自分でもできるようになるためのワークショップをグループに向けて行うようになるなど、天使に関する活動の幅も積極性が増し、どんどん広がってきたのです。

私にとっての"天使"とは──大天使との違い

ここで改めて、この本で私の語る"天使"について、その概念を明らかにしておきたいと思います。

あなたにとって、天使とはどのような存在でしょうか?

まず、一般的に信じられている天使の意味とは、「天界から神の使いとして遣わされ、人間を守ったり、神からの神意を伝えたりする存在」というものです。

キリスト教やユダヤ教、イスラム教など西洋の宗教の聖典や聖書にも登場する天使は、古今東西で人間を守護し、導いてくれる存在だと信じられてきました。

そんな神の使いとしての天使は、美しく愛らしい姿などに具現化されて、私たちの日常生活の中にもさまざまなプロダクトやメディアの作品などになって親しまれています。

また、もし私たちが「天使のような人」という表現を使うとき、それは、その人が「やさしく慈悲深い人」や「ピュアで純粋な人」、「人間離れするほど美しい人」という意味だったりします。

「天使のような歌声」と言うなら、その歌声は「神々しいほど美しい歌声」のことを意味したりするのです。

　つまり、天使という言葉は、私たちにとってあらゆる善や美、尊いものの最上級の表現であり、「聖なる存在」「美しい存在」「善なる存在」が形をとって現れた存在だと言えるでしょう。

　ご存じのように、スピリチュアルの世界においても、天使は世界共通であらゆる教義やメソッドなどにも用いられている人気のモチーフのひとつです。

　たとえば、スピリチュアルになじみのある人なら、ミカエル、ラファエル、ガブリエルなどの天使たちのこともよくご存じだと思われます。

　「悪いエネルギーや闇から守ってくれるのはミカエル」とか、「体調が悪い時には癒しのエネルギーを送ってくれるラファエル」などというふうに、それぞれの天使の役割までをも知り、その知識を生活の中に役立てている人もいるはずです。

　まず、すでにご存じの人も多いかと思いますが、「ミカエル」や「ラファエル」、「ガブリエル」など "エンジェルカード" などでもおなじみの天使たちは、いわゆる「大天使」と呼ばれる存在たちです。

　あなたも、そんな大天使たちにお願い事をしたことはありませんか？

　たとえば、どこか体調が悪いときなどに、癒し・健康を司る大天使であるラファエルに対して、「ラファエル、助けて！お願い！」などと呼びかけたら、ラファエルは不調を治してくれる、などと信じている人も多いはずです。

　また、「そのように信じてお願いをすれば、大天使たちが願いを叶えてくれますよ」、という教えや考え方も浸透しています。

　実は、聖書や聖典などにも出てくるこれらの大天使たちは、天使界の階級において上層界に位置する天使たちです。

　私の理解では、これらの大天使たちは、集合意識や私たちの住む世界全体に働きかけをしてくれる存在たちであり、さらには、自分たち大天使の下にいる天使たちを総括するような存在です。

　もちろん、私たちも大天使とつながることができますが、大天使とは、必ずしも一個人の願いを叶えたりする存在ではなく、より大いなる働きをする存在であると思っています。

　たとえば、私が大天使とつながる際には、願い事を叶えてもらうというよりも、自分の叶えたい事柄とその理由を伝えた上で、それを叶えるための方向性を示してほしい、とだけ伝えることがあります。

　すると大天使は、私の望む方向へと道しるべを示してくれるのです。

　では、私たちについている守護天使なら願い事を叶えて
くれるのか、と言われるのなら、またそれも違うのです。

　あくまでも天使とは、私たちの進化・成長を見守る存在
であり、あえてその人にとって困難なことさえも、それが魂
の求める学びのためであるのなら、それを体験させるように
働きかけることもある存在なのです。

　地球に生まれてきた私たち一人ひとりが自力で困難や問
題を乗り越えるのを見守り、導いてくれるのが天使という存
在なのです。

天使とガイドの違い

「そうすると、Yasuko さんの言う天使とは、いわゆる"ガイ
ド"のことですか？」

　と質問をされることもあります。

「もし、1人の人間を守るのが守護天使なら、それは、スピ
リチュアルの世界でよく言われる、ガイドという存在のこと
ですか？」と聞かれたりもします。

　けれども、私からすると守護天使はガイドとも違うのです。

　確かにガイドは、その人のガイド＝導く役割をするという

意味では同じかもしれません。

　けれども、私にとってガイドとは、その人の周波数に合ったガイドがその都度必要に応じてやってくるものである、というような考え方です。

　ここでは、例を挙げてこのことを説明してみましょう。

　たとえば、ある人が草花やハーブに興味を持ち、ハーブの研究をしていたとします。すると、ハーブに詳しいガイドがその人について、その人に必要なハーブの知識をさまざまな形で伝えたり、サポートをしたりすることでその人を助けるのです。

　ガイドからその人への働きかけは、インスピレーションという形でやってくるかもしれません。

　もしくは、本屋さんで偶然に有益な情報があるハーブの本との出会いがあることかもしれません。さらには、ハーブのことに詳しい専門家との出会いを導いたりすることかもしれません。

　こうしてその人は、ハーブについて一通りの知識を学び終えたとしましょう。そして、今度はその人は人間の健康について、興味を持つようになったとします。

　すると、今度は健康や医療の分野に詳しいガイドがその人を導くことになるのです。

　それはまるで、私たちがラジオの各局のチャンネルを合わせて、自分が聴きたい局の番組をその都度聴くようなものです。クラシック音楽のチャンネルに合わせればクラシック音楽が流れ、その次にジャズ専門の局のチャンネルに合わせればジャズが流れてくる、というような感じです。

　その人の興味や思考、意識＝その人の周波数がそのガイドと重なり合ったときに、ガイドはその人をサポートできるのです。

「高次の存在とつながりたい」と言う方も多いのですが、そのためには、私たちが高い意識、周波数を持つ必要があります。

　それは、簡単に言えば「愛と調和の意識」であることです。そうすれば、当然のようにそのチャンネルの周波数の存在たちとつながれるようになります。

　私にとってのガイドとは、その人が必要な時々に応じて来ては去っていく存在たちのことなのです。

　守護天使は、その人の一生にずっと寄り添う存在ですが、ガイドはその人の人生において、場合によっては増えたり減ったり、また、入れ替わったりなどしている複数の存在たちだと私は理解しています。

天使とハイヤーセルフの違い

「では、天使とは、ハイヤーセルフのことですか？」
と質問されることもあります。

スピリチュアルの世界では、本来の自分自身につながるために、「ハイヤーセルフとつながりましょう」とよく言われることもあります。

ということは、ハイヤーセルフとつながることは、自分の守護天使とつながることと等しいのでしょうか。

実は、私にとっての天使は、ハイヤーセルフとも違うのです。

ハイヤーセルフとは、日本語に直すと「より高次の自分」という意味になります。

つまり、ハイヤーセルフは、あくまでも自分自身なのです。

私が天使とハイヤーセルフは違う存在であると明言できるのは、私がリーディングする際に天使たちは、その人に対して、必ず「あなた」という言葉で語るからです。

つまり、天使は「私」という主語では語らず、あくまでも、その人を守っている別の存在なのです。

　ハイヤーセルフという概念に対する私の理解は、ハイヤーセルフが「より神聖な高次元の自分」であるなら、ロウワーセルフもきちんと存在しているということです。

　そして文字通り、ロウワーセルフとは、より低次元＝エゴ・自我の方に振れている自分のことです。

　でも、ハイヤーセルフが素晴らしくて、ロウワーセルフが悪い、というわけではありません。というのも、エゴ＝自我があるということは、この世界で物理的な存在として生きている人間には当然のことであり、エゴがあってこその私たち人間でもあるのです。

　それでは、天使とハイヤーセルフとはどのような関係にあるのでしょうか。

　私は、ハイヤーセルフは自分自身の神聖な部分ですが、天使はその神聖な部分とつながっている存在だと信じています。

　「愛の存在」である天使は、その人のハイヤーセルフと同じ周波数でつながっているのです。

　私がハイヤーセルフと天使は違う存在である、と言い切れるのにはもう1つ理由があります。

　それは、私が天使からのメッセージを届けているときに、クライアントさんたちは「自分を守ってくれている存在がい

る」ということに気づくのです。

　天使からのメッセージには愛が込められていて、クライアントさんたちは、「自分だけを見てくれている存在がいた」ことがわかると、感動のあまり泣かれる方も多いのです。
　天使に守られているという絶対的な安心感は、大いなる力に触れたときの畏敬の念に近いものだったりもします。

　天使とは最もあなたに近い存在でありながら、あなたと同調できる、あなただけの専属の愛の存在です。
　天使は、ガイドのように役割を終えたら入れ替わったりするような存在ではなく、一生を通して同じ天使がついています。
　あなたにはあなただけの指紋や瞳の虹彩があるように、あなただけの天使がいるのです。
「自分の一生をずっとそばで見守ってくれている天使がいる」

　まずは、そんなことがわかっただけでも、あなたは安堵の気持ちに包まれませんか？

天使はこんなふうに見えている

　では、私はどのようにクライアントさんの天使を見て、その方の天使からのメッセージを降ろしていくのでしょうか。

　ここでは、セッションにおけるリーディングを行う際のプロセスをご紹介しておきたいと思います。

　私があなたの天使とつながると仮定してみましょう。

　最初に、私があなたの天使を見る際には、あなたの許可が必要です。

　また、私はあなたがそのことを求めたときにだけ、あなたの天使を見ることができるのです。

　私はあなたと静かな空間で向き合い、あなたの手を取りあなたの天使とのつながりを求めます。

　すると、あなたの天使の姿が現れてくるので、最初にその天使の見た目や姿、そのいでたちからお伝えするようにしています。

　次に、天使の姿が見せてくれるあなたのギフトを読んでいきます。私はあなたの天使を通して、「あなたはどんなギフトを持っていて、何のために生まれてきたのか」ということをリーディングしてお伝えしていきます。

　このとき「見る」といっても、それは私の「目」で物理的に見るのではありません。

　それらは、目を閉じると第3の目を通してビジョンのように見えてくるものであって、見え方としては光の粒子が集まって形を成すホログラフィックなイメージのように見えてきます。

　読むのは、あくまで現れてくるイメージですが、わかりやすく説明すると、私にとっては、そのビジョンは60ページのイラストにあるような形で見えています。

　あなたのハートの部分と光の存在である天使のハートがつながっています。そして、天使のハートがプロジェクターのような役割を果たして、天使のハートから光が放射されているのです。

　天使とあなたの間にはスクリーンのようなものがあって、私は、天使とあなたの間にあるスクリーンに映し出される映像を読み説明をしていくのです。

　第4章でも詳しくご説明しますが、天使は一人ひとりがとてもユニークな姿をしています。

　その姿は、その人の持つ最も高次な部分が光のホログラ

天使はこんな感じで見えている

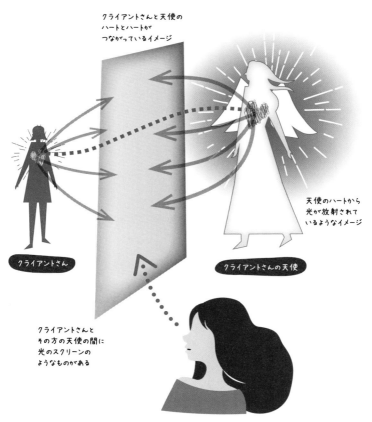

クライアントさんと天使の
ハートとハートが
つながっているイメージ

クライアントさん

天使のハートから
光が放射されて
いるようなイメージ

クライアントさんの天使

クライアントさんと
その方の天使の間に
光のスクリーンの
ようなものがある

スクリーン上に現れる
光の粒子から成るイメージを
リーディングしていく

ム＝光の情報で形づくられているような感じです。

　たとえば、修験道の行者みたいに見える人もいれば、宇宙人のように見える人もいるし、はたまたキノコの帽子を被っている妖精のように見える人もいます。

　天使は顔立ちから身につける衣装や持ち物、背景まで細かく見ることができます。

　私がここを見たいと思えば、その瞬間にカメラがズームインするようにその部分がはっきり見えたり、ホログラム状態の映像は、私が見ようと思えばぐるりと 3D の状態で回転したりして、そこの部分を見せてくれるのです。

　たとえば、ある女性のセッションでは、ヨーロッパにいるような髪の長い女性が見えてきました。

　その天使は、白いシフォンでできたような柔らかいドレスを着ていて、両手にはキラキラと光る星くずのようなものを持っているのです。

　その天使は天を仰ぐと、両手を広げて手に持っていた星くずを空に向かって振りまきます。

　すると、星くずはキラキラときらめきながら、風に乗って広い世界へと散らばっていきます。

　やがて、空に舞っていた星くずが地上に降りてくると、大地が光を帯びて輝きはじめるのです。

　こんなふうにスクリーンに映し出される映像には、それぞ

れのストーリーがあったりして、幻想的で美しい光景を私に
見せてくれるのです。

　リーディングにおいて、天使の服装や持ち物からは、その
人だけの美意識がわかります。
　また、天使が手にしているものや、天使の動きや振る舞
いなどからは、その人の人生のテーマや目的、方向性など
がわかります。
　天使は空に舞ったり、歩いたり、踊ったり、一心不乱に
なって何かに没頭していたりと、一人ひとりがまったく違う
世界を見せてくれるのです。
　天使の背景の景色やその世界観からは、その人の人生の
スケール感みたいなものもわかります。
「わかる」というと怪しく聞こえてしまうかもしれませんが、
私には、ただそれが理屈抜きに「わかる」のです。

　実はこのセッションをはじめた当初は、「その人のギフト
を読む」、という意識はありませんでした。
　ただ天使のいで立ちや持ち物、背景、動きから感じたそ
の人の天使の個性を読んでいるつもりでした。

　ところが、私のリーディングを受け取るクライアントさん
が、「それって丸ごと私です」「それこそ、私が一番理想と

する姿です」などと私に教えてくれることで、私は次第に確信を持つようになったのです。

　天使が私に見せてくれている光の情報は、そのまま丸ごとその人の魂の資質、聖なるギフトなのだと。

　光の情報は、実際にクライアントさんに伝えてみなければ、合っているかどうかはわかりませんが、今では自分で見えることは、すっかり信頼しています。

　私はよくリーディングする前に、「これは、あなたがご自身を深く知るための確認作業です」とお伝えするのですが、実際に見えることをお伝えすると、どなたも納得してくださっています。

　あるとき、すでにセッションも数をこなしてきた頃、天使の姿形がそれぞれの特性によってジャンル分けされることがわかってきました。

　たとえば、慈愛ややさしさがその人の特性の場合、その人の天使は修道女や尼僧、マリア様のような姿の天使として見えてきます。

　また、正義感が強い人などは盾を持っていたり、戦士のような姿で出てきたりします。

　そして、これまでリーディングしてきたデータを分析すると、それぞれの天使の特性は 12 種類に分けられることがわかったのです。

　この本では第4章で各カテゴリーの12の天使の特性を詳しく紹介していますが、87ページからのYes・Noの質問に答えることで、あなたも自分が何の天使であるかを知ることができます。

　もちろん、私の方で実際にリーディングをしてみないと、その人だけの具体的な天使の姿はわからないものの、ある程度、ご自身がどんな特性を持った天使である、というのはおわかりいただけるかと思います。

あなたも天使と約束している

　天使と約束をしてきたのは、私だけではありません。
　どんな人も、自らが宣言してきた天使との約束を果たすためにこの世に生まれてきているのです。

　あなただけの天使が教えてくれるストーリーは、あなたが持って生まれたギフトそのものであり、私は天使の姿から読み取るメッセージを「聖なるギフト」、または「魂の資質」と呼んでいます。

　"Gifted Child（ギフティッド・チャイルド）"とは、「天

才児」とか「天賦の才能のある子」という意味であるように、"ギフト"というと、何か天才的な能力や突出した才能のことを意味すると思っている人が多いのではないでしょうか。

でも、ギフトとは、「人より優れていること」を意味するものでもないのです。

私の考えるギフトとは、「その人にとって、あることが幼い頃から大好きで、努力せずにそのことがすいすいと上手くできたり、自然にできたりすること」です。

それは絵を描くことかもしれないし、ピアノを弾くことかもしれません。また、お菓子を作ることかもしれないし、整理整頓や、おしゃべりや、文章を書くことかもしれないのです。

一見当たり前のようにも見えるそのギフトですら、実はあなただけの唯一無二の個性であり、才能であり、資質なのです。

でも、人はどちらかというと、自分に足りないことに意識を向けて、それを補うことで自分になろうとしたり、できることより、できない部分にフォーカスを当てたりしては苦しみ、葛藤してしまうのです。

それは私がヘアメイクのレッスンをしているときに、質問表に誰もが「自分の好きなところ」をまったく書かないのに、「嫌いなところ」にはたくさん列挙していたことと同じなので

す。

　私が個人セッションでお会いする方たちも、どの方もその方だけの素晴らしいギフトを持っているのに、自己評価や自己尊厳が低く、自信を失くしている場合が多いのです。

　また、自分がどんなギフトを持っているかということを知ることは、同時に自分が得意ではないことを知ることにもつながるのです。完璧な人間はこの世に1人もいません。だからこそ、皆が補い合い、支え合うのです。そのことこそが、私たちが地球で体験したいことなのですから。

　今、地球上に76億人の人が暮らしていますが、そのうち誰ひとりとして欠けることなく、その人だけの素晴らしいギフトを持って生まれてきています。

　人は自分のギフトに気づき、それを活かすことができれば、人生は面白いほど思い通りに展開しはじめるのです。

　また、ギフトを活かすことで、人は生きていることへの喜びと感謝、幸せも味わうのです。

　それが本来の人間としての在り方であり、また、人はもともとそのように生きるために生まれてきているのです。

　私は、皆さんにそのことに気づいていただきたいのです。

「ありのままでいい」というよりも
「あなたは、間違っていない」

「あなたは、ありのままでいい」

　このフレーズがここ数年、自己啓発やスピリチュアルの世界で積極的に使われています。

　でも、「無理やり自分を変えようとするのではなく、あなたは、あなたらしくいればいい」という意味で使われることの多い、この「ありのままでいい」という言葉は、少しトリッキーだったりしませんか?

　私は、この「ありのままでいい」という言葉に、逆に惑わされている人が多いような気がします。

　たとえば、大学を卒業して3年目の女性がOLとして会社で働いているとします。

　就職試験で第一志望の会社に落ちて、なんとか拾ってもらった今の会社に通っている彼女は、毎日電車に揺られながら、「こんなはずじゃなかったのに……」といつも思っています。

　やりたい仕事に就いているわけでもない彼女は、モチベーションも上がらない日々を送る中、前日の残業で疲れた身体を駅のホームで電車の中に押し込みながら、何かの本で読

んだ「ありのままでいい」という言葉が頭をよぎります。

「やりたいことをやっているわけでもない、ただ、お給料の
ためだけに働いている私の今のこんな状態でも、やっぱり
"ありのままでいい"のかな？」
「それとも、"こんな自分じゃダメだ。なんとかしなくては"、
と思っている本音の部分が"ありのまま"の本当の私なら、
嫌なことを続けるのではなく、会社はもう辞めるべきかな？」

「ありのままでいい」という言葉は、受け取り方で大きく変
わってきます。
　彼女は、「ありのままでいい」という生き方が素晴らしい
のなら「ありのままでいい」という生き方をしたいのに、「あ
りのままでいい」という解釈次第でいろいろな意味に受け取
れてしまうので、逆にどんな自分が「ありのままでいい」の
かがわからず迷ってしまうのです。
「ありのままでいい」という言葉は、ちょっとわかりづらい
ですね。

　一方で、私がリーディングをする際に、天使たちがよく言
うメッセージがあります。
　それは、「あなたは、間違っていない」というフレーズで
す。つまり、「あなたが今、どんな状況にいようとも、それ

は間違っていない」ということです。

　この OL さんの例で言えば、「いやいや会社に勤めている今の自分がいる。そして、そんな望まない生き方を責めている自分もいる」ということの "すべてが間違っていない" のです。

　そんな今の自分があるからこそ、これからの彼女の人生の延長線上に、自分のギフトに気づき、それを活かせる時が必ずやってくるのです。

　逆に言えば、そんな自分のギフトに気づく日のために、彼女は今の「望まない人生を送っている自分」を体験している、ともいえるのです。

　私が自分の人生に自分ならではのミッションを見出し、現在の活動に生きがいを感じられるのは、第1章でお伝えしたような私なりの苦難のプロセスがあったからです。

　だから今、もし自分の生き方に迷い、悩み、人生で直面している現状を憂う人がいるのなら、その悩みも迷いも今のあなたの現状もまったく何ひとつ間違っていないんだ、と思っていただきたいのです。

　実際に、そうなのですから。

　さらにその先には、幸せを見出す力も持ち合わせているのです。

　天使が常々言うように、「人は間違わない」のです。

　もしくは、「人は自分の人生で間違うことなんて、設定していない」のです。

　ということは、あなたが「間違いだ」と思っていることもすべて正しいのです。

　すべてのことは、完璧に動いているのです。

天使との対話

A子さんのケース

　天使は、あなたからの質問に具体的に答えてくれます。

　別の言い方をするならば、天使はあなたの質問以外のことに答えることはなく、聞いてもいないことにはあれこれ言いません。なぜなら、「あなたの生きる力の邪魔はしない」というのが天使のポリシーなのです。

　また、天使のメッセージは、抽象的な観念論ではなく、あなたが実践できる具体的な形で答えてくれます。

　では、天使がどのような形であなたにメッセージを送ってくれるのか、クライアントさんとの例を対話形式でご紹介してみたいと思います。

リサイクルの洋服づくりを通して自分の生き方を表現したい女性、A子さんと彼女の天使との対話

Yasuko's Comments

A子さんは40代女性です。現在は、2人の子育ての合間に生活のための仕事をしながらも、自分の夢を仕事にできないものかと悩んでいました。リーディングをすると、彼女は「伝えの天使」であることがわかりました。独特の美意識を持つ彼女は、"伝え"の天使らしく、自分なりのメッセージや目的意識をきちんと持っている女性です。でも、ご本人は、それを世の中で活かしていないことにジレンマや不完全燃焼感を持っていて、私の元へといらっしゃいました。以下はA子さんと彼女の天使との対話です。

A子 　天使さん、こんにちは。私の将来について質問させてください。私は今、仕事のことで悩んでいます。実は、現在のカスタマーサービスの仕事以外にやりたいことがあるんです。ここ数年、ビンテージやリサイクルの生地を使った洋服づくりに夢中になっています。もちろん、今はまだ趣味のレベルで友

人にときどき作品を買ってもらうくらいですけれど……。でもいつか、将来的にはこれを仕事にして、生活ができるくらいに収入を得られればいいなと思っています。友人には、「お店を持ったらどう？」とも言われますが、そんなに簡単にお店なんか持てるわけはないし、何をどこからどうやってはじめればいいか、見当がつかずに悩んでいます。どうすればいいですか？

天使　あなたは、やりたいことがあるのですね。でも、あなたの頭の中では、それらの可能性を思い浮かべては消していく、ということを繰り返していませんか？　まずは、あなた自身がそのことに気づかなくてはなりません。

A子　そうでしょうか……。　でも、お店を持つこと自体はまだ無理でも、今後はフリーマーケットに作品を出品したり、インスタグラムに投稿したりしようかなとは思っているんです。でも、そんなことは、皆もうやっているし、今さら誰からも目には留めてもらえないんじゃないかな、って思うんですよね。

天使　そもそもあなたは、なぜ洋服を制作したいと思った

のでしょうか。最初にそこの部分をもう一度考えて
みてほしいのです。

A子　はい……。えっ〜と、私は子どもの頃からきれい
なものやファッションが大好きだったんですね。中
でも特に、レトロな生地のパターンとかテキスタ
イルに惹かれたのがきっかけです。今の時代って、
ファストファッションが主流じゃないですか。だか
ら、洋服なんかもシーズンごとの回転がすごく速
くて、大量生産されては簡単に破棄されてしまっ
ています。私は環境問題やエコロジーにも興味が
あるので、そんな無駄なことが当然のように行わ
れているのが嫌なのです。だから、古くてもまだ
使えるもの、まだ美しいものを見つけたら、私なら
ではの"ものづくり"の精神でそれらに新しい命
を吹き込んでいきたいんです。そんな新しい形の
リサイクルみたいなことができればいいなって思っ
ているんです。

天使　あなたのその情熱を自分できちんと感じてください。
あなたは、世の中でもう必要ないとされて破棄され
るモノや、効率や利便性を追求するがあまりに、大
切なものが失われていく状況をなんとかしたい、と

思ったのがすべての発端ですね。だからあなたは、
「この世界をより良きものにするには、どうしたら
いいのだろう」と思ったはずなのです。

A子　そう、まさにそうです！　世の中があまりにも便利
になりすぎて、私たちはその恩恵を受けているけ
れど、「何かが違う」と思っているんです。今の時
代は、何か大切なものが失われているのでは、と
思ったのです。人の心もモノも……。でも、こん
なことを私が言うのはおこがましいのかなって。恥
ずかしくて誰にも言っていないけれど、私なりに
「より良き世界にしたい！」と思っているんです。

天使　あなたの思いは、あなたのものであり、あなたが思
うことが現実となるのですよ。だから、その純粋な
思いを否定することをやめてください。

A子　そうですね。でも、ついつい「私なんか何もでき
ない！」って思ってしまうんです。

天使　あなたは、その純粋な思いに本当は挑戦してみた
いのです。でも、ついつい頭の中で「ダメかもしれ
ない」というジャッジが入ってしまう。そして、て

きない理由を言い訳のように次々に並べてしまうの
です。

A子 そうかもしれません……。でも、リスクマネジメン
トも大事でしょう？　だって今の私には、経済的
にも年齢的にも、もう失敗する余裕なんてないん
ですよ。

天使 まだ起きていない事柄に、ネガティブなことを想像
して自分の行動に制限をかけてしまうと、物事はマ
イナスの方に働いてしまいます。それは、あなたが
そのことを信じてしまうからに他なりません。「何
が起こるのか」は「何を起こしたいのか」からはじ
まるということを知っておいてください。

A子 確かにそうですね。私はついついどうしても、ネ
ガティブに考えてしまうクセがあって……。要は、
自分に自信がないんです。

天使 またしても、言い訳をしていますね。自信がなけれ
ばできないと思い込むことで、あなたは自分が行
動を起こすことにストップをかけているのです。大
切なことは、あなたに自信があるかどうかではなく、

　　　　　　　　　あなたがこの世界に何を生み出したいか、という
　　　　　　　　意識です。だからどうか、今は「できる」「できな
　　　　　　　　い」ということを考えないでください。それよりも、
　　　　　　　　あなたの「こうしたい！」という思いが大きくなり、
　　　　　　　　それが確信に変われば、自ずと物事は動いてくる
　　　　　　　　のだ、ということを知っておいてください。

A子　　はい。では、今の私としては、具体的にはどうす
　　　　　　　　ればいいですか？

天使　　あなたのその熱い思いを創作活動に注ぐのです。
　　　　　　　　どんな生地を選び、どんなデザインがふさわしい
　　　　　　　　のか、そして、ひと針ひと針に心を込めて制作して
　　　　　　　　みるのです。あなたが自分の思いを明確に理解し
　　　　　　　　て、それを具現化できたとき、それは、あなたの思
　　　　　　　　いが実を結んだことになるのです。そのような情熱
　　　　　　　　の賜物を、あなたは軽んじようとは思わないはずで
　　　　　　　　すよ。

A子　　そうですね。作品をつくることで私は自分の思い
　　　　　　　　を伝えられればと思っています。作品には私の思
　　　　　　　　いが詰まっていますから。私のポリシーは、「好き
　　　　　　　　な物を大切にしながら、無駄な物は作らない」と

いうことなんです。儲け主義の今の世の中に、そんな精神を取り戻していければいいな、と思っているんですよ。自分でどこまでできるかどうかはわからないけれど、自分のやりたいことははっきりしているんです。だからもう、自分に言い訳をするのをやめないといけませんね。今の私ができることから思いを込めてやってみます！　ありがとうございました。

その後のＡ子さんは、自分の夢の可能性について、「無理なのでは」「叶わないのでは」と何かと否定しがちだったこれまでの考え方を改めて、まずは、自分でできるところから一歩ずつ取り組むようになりました。そうすると、自らが行動するというステップを歩みはじめたことで、少しずつ夢が現実へと変わってきたのです。以降は、彼女が再び私のもとへと訪れたときの対話です。

Ａ子　天使さん、お久しぶりです！　今の私は、以前のように迷ったり、悩んだりすることが少なくなってきたんですよ。天使さんとお話をして以来、自分

の心と対話ができるようになってきたんです。よく
「答えは自分の中にある」といわれますが、本当
なんですね。その意味がやっとわかってきました。
それに、前ほどイライラもしなくなってきたんです。
今日は、うれしいご報告があるんです！

実は、前から憧れていたお店があったんです。そ
こは、普通の洋服のセレクトショップではなくて、
アンティークの雑貨や古い家具などをリサイクル
したインテリアを扱うお店なんですが、そのお店
に置かれている洋服もそのお店に合っているテイ
ストのものばかりで素敵なんです。そのお店は結
構有名なので、私も時々訪れては、「ここに私の洋
服を置いてもらえたらいいな〜」なんて想像して
いたんですね。もちろん、そんなこと叶うはずはな
いという妄想だったんですけれど（笑）。

ところが、友人の知り合いがそのお店のオーナー
であることがわかったんです。そして友人から
「オーナーに紹介しようか？」と言われたんです。
そんなとき、これまでの私だったら、「絶対、無
理！」と即座に断っていたんですが、今ではそん
なことも「これは、大きなチャンスだ！」と思える

自分になれていたんです。そこで、憧れのお店の
オーナーに私の作品を評価してもらう機会がある
だけでもラッキーだと思って、紹介していただく
ことになりました。そして、お店のオーナーさんと
近々会えることになったんです。それで、天使さ
んに質問なんですが、このお話は上手くいくと思
いますか？　オーナーさんはどんな反応してくれ
るでしょうか？　いろいろと期待しつつ、やっぱり
不安もあってドキドキです……。

天使　あなたが自分を信じて動くと決めたからこそ、物事
は動きだしたのですね。でも、大切なことは、それ
が上手くいくかどうか、という結果ではないのです
よ。あなたが決めたことがあなたの未来をつくって
いくのです。今のあなたに必要なのは、自分の可
能性に向き合う姿勢だけではないでしょうか。あ
なたが自分の作品の制作を通して何をしていきた
いのか、どんな思いを込めてそれを制作するのか、
それらの思いが詰まった作品をそのまま見てもらえ
ばいいのです。

A子　そうですよね。実は心のどこかで、天使さんは
質問をしても、きっと「どんな結果になる」とは

言ってはくれないだろうな、とは思っていたんです（笑）。これは、私の今からのチャレンジであって、結果を先に教えてもらったら、もうチャレンジにはならないですもんね。わかりました。とにかく、できる限りのことをしていきますね。だって、こんなお話がきたというだけでも私にとってはすごいことなんです。それだけでも、感謝しているんです。私の情熱を、思いを込めた作品を見てもらいますね。天使さん、ありがとうございました！

Yasuko's Comments

　このセッションの後、しばらくＡ子さんからは連絡がありませんでした。「便りのないのは良い便り」ということわざがあるので、私にはＡ子さんが自分の夢へのステップを一段ずつ上っていることがわかっていました。

　そしてその後、彼女から来た連絡では、憧れだったお店で自分の作品を置いてもらえたこと。さらには、業界のインフルエンサーが出入りするそのお店の人脈を通して、彼女は、なんと！　あるアーティストさんのステージ衣装を手がけるというチャンスにまで恵まれたのです。

　そのアーティスト（歌手）さんは、やはり同じようにエコロジーや環境問題に関心がある方でした。古い素材を今の時代に合わせてリサイクルされた彼女の作品のスタイルは、同じ思いを共有する人へとつながっていきました。

　人は自らを信じ、その行動を変え、ステップを上げるたびに、そのステップに合った人や出来事を引き寄せるものです。そのステップはその人の周波数と言ってもいいでしょう。

　Ａ子さんは今、自身の夢を新たな形で実現しながら忙しい日々を送っています。あまりに忙しくなって私のもとへ来て天使との対話をすることもなくなったのですが、きっと彼女は今、自分の心の中で天使と会話ができるようになったのだと思います。

第3章

あなただけの天使と
つながるために

あなたは、何の天使？

　さて、ここまで読んでいただいた方は、「では、自分は何の天使になるんだろう？」と気になっているのではないでしょうか。

　自分の天使が何天使か、ということを知ることはすなわち、自分の生まれ持った本質や特性、役割などが何であるか、ということを知ることでもあるのです。

　この本を手にとってくださっている方の中にも、「自分の人生の目標がわからない」という方や、「やりたいことはなんとなくあるけれど、それが自分に合っているのかどうかわからない」という方など、自分探しをしながらもがいている方も多いのではないでしょうか。

　もし、そのような悩みを抱えている方なら、自分はどんなことが得意で、どんな形でその能力をこの世界に活かせるのか、また、どうしたら幸せになれるのか、ということがわかれば生き方の指針になるはずです。

　87 ページからのチャートの YES と NO で答えていく質問は、私のこれまでのセッションのデータから、それぞれの天使の性質や特性を質問形式で 1 つに絞り込むように

したものです。

　基本的に私のセッションにいらっしゃった方は、私が
リーディングを行いながらその方が何の天使であるかをお
伝えしています。
　リーディングでの結果と質問から導き出す結果は違うの
ではと思われる方もいらっしゃるかもしれませんが、実は、
質問で導き出す答えとリーディングで読み取る結果はほと
んどの確率で一致します。
　12 の天使は、赤、黄、緑、青などすべての色がはっきり
と違う 12 色の絵具のようなものではありません。

　12 の天使は、それぞれがはっきりと差別化されていると
いうよりも、そのベースを愛の存在として、そこからグラ
デーションのように現れる特性の中で、どの部分がその天
使に色濃く出ているか、という区別でもあるのです。

　私自身も、その方の天使を決定する際に 2 つの天使から
絞り込んでいくことも多いのです。
　たとえば、その方が「好奇心旺盛にワクワクを追求する」
という要素が強いことで、「喜びの天使」か、「伝えの天使」
のどちらかになる、ということがわかります。
　でも、その方をさらに深くリーディングしていると、喜

びの天使の方は、そのワクワクは皆を喜ばせることによって
味わうワクワクだったりするのですが、伝えの天使は、自分
1人がワクワクしながら何かを追求することが喜びだったり
する、という違いがあります。

　私は、そのような違いをセッションの中で読み取りながら、
その方の天使を最終決定していきます。

　さあ、あなたは何の天使になるでしょうか?

　今から、あなただけの天使に会いにいってみましょう。

　あなたの天使は、あなたには素晴らしいギフトがあること
を伝えたくて、きっと待ちわびているはずです。

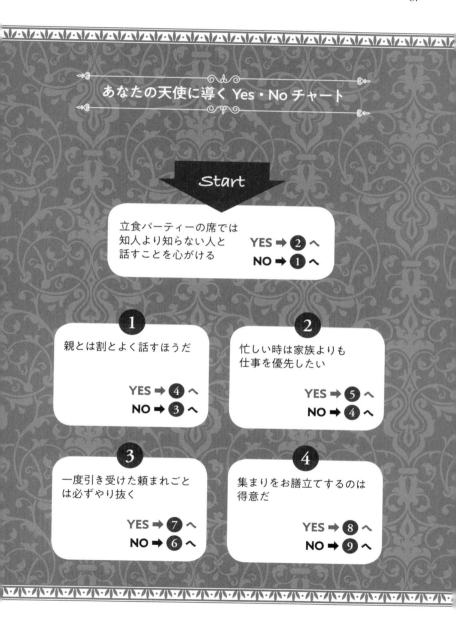

5

職場でも人に相談されること
とが多い

YES ➡ ⑩ へ

NO ➡ ⑨ へ

6

グループ活動は実は苦手だ

YES ➡ ㉔ へ

NO ➡ ⑲ へ

7

大勢で集まる場所では基本
的に聞き役になるほうだ

YES ➡ ⑫ へ

NO ➡ ⑪ へ

8

年長者や、目上の人でも気
になれば積極的に話しかけ
る

YES ➡ ⑩ へ

NO ➡ ⑮ へ

9

友達との約束も急にキャン
セルすることがある

YES ➡ ⑬ へ

NO ➡ ⑱ へ

10

プライベートでは仕事の同
僚よりも、他の友人と会う
ことの方が多い

YES ➡ ㉓ へ

NO ➡ ⑭ へ

11

友人関係は年齢や仕事に応
じてどんどん変わってきて
いる

YES ➡ ⑯ へ

NO ➡ ⑮ へ

12

人と関わる仕事が好きだ

YES ➡ ㉑ へ

NO ➡ ㉖ へ

13
空想家かもしれない

YES ➡ **18** へ
NO ➡ **17** へ

14
人混みには用事がなければ
行かない

YES ➡ **27** へ
NO ➡ **23** へ

15
目的意識を持って活動した
い

YES ➡ **28** へ
NO ➡ **21** へ

16
思いがけない仕事を振られ
ると一日が台無しになった
気がする

YES ➡ **26** へ
NO ➡ **20** へ

17
知り合いと友人とは別

YES ➡ **29** へ
NO ➡ **18** へ

18
できれば自分の好きなペー
スでだけ仕事をしていたい

YES ➡ **22** へ
NO ➡ **32** へ

19
人に強く出られると何も言
えなくなってしまいがちだ

YES ➡ **35** へ
NO ➡ **36** へ

20
仕事で成功している人の話
は積極的に聞くほうだ

YES ➡ **25** へ
NO ➡ **28** へ

21

古くからの友人もたくさん
いる

YES ➡ **28** へ
NO ➡ **37** へ

22

世界のニュースは必ず見る

YES ➡ **31** へ
NO ➡ **27** へ

23

人と人との相性の良し悪し
は割とすぐにわかる

YES ➡ **29** へ
NO ➡ **30** へ

24

誰かの役に立つことを仕事
にしたい

YES ➡ **35** へ
NO ➡ **28** へ

25

歴史的な人物で惹かれる人
が何人かいる

YES ➡ **36** へ
NO ➡ **26** へ

26

必要なとき以外は外出しな
い

YES ➡ **33** へ
NO ➡ **21** へ

27

できれば会社など組織の中
で働きたくない

YES ➡ **34** へ
NO ➡ **32** へ

28

就労時間が終わってもかかっ
てきた電話はとりあえずとる

YES ➡ **35** へ
NO ➡ **36** へ

29

楽しいアイデアを思いつく
とすぐに行動に移す

YES → 32 へ
NO → 31 へ

30

出先で面白そうなイベント
を見かけたらとりあえず足
を止めて見る

YES → 32 へ
NO → 34 へ

31

会社の同僚に友達はいない

YES → 37 へ
NO → 40 へ

32

旅行先はとことん調べてか
ら決める

YES → 38 へ
NO → 33 へ

33

友達の職業はバラバラだ

YES → 39 へ
NO → 38 へ

34

悩みを人に打ち明けること
はほとんどしない

YES → 40 へ
NO → 39 へ

35

結婚しても仕事を通して
社会と関わりたい

YES → Ⓑ へ
NO → Ⓐ へ

36

友人の頼まれごとは率先し
て引き受けるほうだ

YES → Ⓓ へ
NO → Ⓒ へ

37
親の面倒はできるだけ見たい

YES ➡ 🇫 へ
NO ➡ 🇪 へ

38
家族とはあまり話さない

YES ➡ 🇭 へ
NO ➡ 🇬 へ

A
守リの天使

B
与えの天使

C
道開きの天使

D
風起こしの天使

E
整えの天使

F
護リの天使

あなたの天使が教えてくれること

　自分が何の天使であるかがチェックできたら、第4章の自分の天使のページを見てみましょう。

　何の天使であるかを知るということは、自分がどのような特性やギフトを持って生まれてきたかを知るだけではなく、また、「どうしてこのことで悩むのか」という悩みの傾向なども知ることができます。

　あなたの天使を知ることは、ある意味、あなたという人の「取扱説明書」、つまり世界でたった1つのあなただけのトリセツを手に入れることでもあるのです。

　まず、12の天使の姿は、私がその天使を見ているときに多い典型的なイメージを描いています。

　当然ながら、一人ひとりのビジュアルは違うのですが、12の天使を各々カテゴリー化して、1つの天使を1つのイメージに集約させたときに、こんなふうに見える、という代表的な姿をイラスト化してみました。

　「基本的なタイプ」としては、「内向的」・「外交的」という2つに分けていますが、これは内向的が内気な人や、大人しいタイプという意味ではありません。また、外交的が社交的

な人であるという意味でもないのです。

　あくまでもその天使の特性が内側を向いているか、外側を向いているか、ということです。

　内側を向くということは、より人の心に寄り添える、もしくは、相手のことを深く理解できる、というギフトのことです。

　また、外側を向くということは、人と人をつなげたり、人と人を超えて社会に影響を与えられたりするようなギフトのことを意味します。

　さらに、「他の天使との関係性」においては、他の天使と似ている点・似ていない点や相性などがわかります。
「天使からのメッセージ」については、これまでクライアントさんとのセッション中に天使が伝えてくれた印象的な言葉をご紹介しています。

　天使はよく、比喩を使って説明をしてくれますが、同じ天使の方の悩みは、きっとあなたにも共感できたり、ピンとくる部分もあるはずです。

　他には、「天使にふさわしい職業」では自分のギフトを活かせる職業、さらに「おすすめのアロマ」「おすすめのパワーストーン」「おすすめのスポット」などもご紹介しています。

あなたは、自分のギフトを思いきり活かしていますか?
さっそくチェックしてみましょう!

第4章

12の天使——
聖なるギフトに気づき、
人生を輝かせる

守りの天使

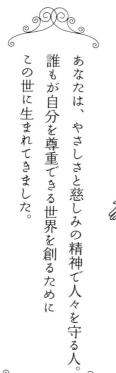

あなたは、やさしさと慈しみの精神で人々を守る人。

誰もが自分を尊重できる世界を創るために

この世に生まれてきました。

「慈愛」と
「やさしさ」で守る

守りの天使

「守りの天使」の姿

静かなたたずまいで慈愛に満ちた
やさしい目をしています。マリア
様や尼僧、修道女やお坊様のよ
うな姿で現れることが多いです。

基本的なタイプ | 内向的

**守りの天使に
ふさわしい職業** | 医療・福祉・教育関係、公務員、カウン
セラー、セラピスト、オペレーター、サー
ビス業、流通業、製造業など。

あなたは慈愛に満ちた心で人々の気持ちに寄り添い守ります。困った人の手助けや弱き者、幼き者を支えていくことが得意です。また、温かさややさしさ、穏やかさがあふれている人なので、周囲にも安心感を与える人です。でも、ときには人の気持ちを優先するがあまりに、嫌なことがあっても断ることができずに、自己犠牲を課してしまう一面も。相手の立場に寄り添えるあなただからこそ、無理をしたり、我慢をしたりする必要はありません。相手の力を信じて、その人のことを遠くから見守ったり、断ったりする勇気を持つことが必要な場合もあることを覚えておいてください。自分を慈しむことこそが、お互いを尊重し大切にし合える世界を創り出すことを可能にするのです。

❁ おすすめ **アロマ**	ローマンカモミール、ローズ、ネロリ
❁ おすすめ **パワーストーン**	ローズクオーツ、スモーキークオーツ
❁ おすすめ **スポット**	教会、神社、花畑・ハーブガーデン

他の天使との関係性

同じ「まもり」でも、やさしさの「守りの天使」と行動力を発揮する「護りの天使」

12の天使には「守りの天使」に加えて、「護りの天使」もあることで、同じ「まもり」の天使が2つ存在していることに気づいた人もいることでしょう。この2つの「まもり」の部分には、どのような違いがあるのでしょうか。「守り」は、ニュアンスとしてはよりパーソナルな関係にある人を守り、「護り」の方は、国境などを守る際にも使われる字ですが、私にとっても、「守りの天使」は、やさしさやおだやかさが全面に出ている人のことであり、母性が豊かで周囲に気遣いができる人のことです。もう1つの「護りの天使」の方は、正義感が強くて仁義を重んじる人。たとえ女性でも、まるで男性のように潔く決断などができる人です。そして、「ここぞ！」というときにはまっしぐらに行動するパワフルさを備えています。このように、同じ「まもり」の天使でも大きな違いがあるのですね。

message

「守りの天使」からのメッセージ

肩にホコリがついたら、取り払えばいいだけです。

介護の仕事に長年携わってきたその女性は、最近、役職に就任して人材雇用や育成を担当することになりました。人の上に立つことに自信がない彼女は、仕事を辞めたいと考えるようになりました。そんな彼女に、天使はこう告げました。「あなたは、これまで多くの人に寄り添ってきましたが、それは、あなたが無理なく行えてきたことですね。つまり、あなたにとってやさしさは自然な行為なのです。人の上に立つ立場になったあなたは、自分が冷たい人間になったように思っていませんか？　やさしさが当たり前のあなただからこそ、肩に乗った一粒のホコリですら、それが自分のすべてになったように気になるのです。肩のホコリに気づいたら、それを取り払えばいいだけです。あなたは、やさしいあなたのままです。新たな場所でも人に寄り添う心でいれば、素晴らしいチームワークがつくれるはずです」とのことでした。彼女は、これまで自分がやってきたように、自分らしく新たな仕事をやっていこうと思えたのです。

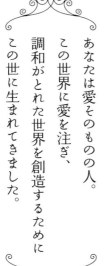

与えの天使

あなたは愛そのものの人。
この世界に愛を注ぎ、
調和がとれた世界を創造するために
この世に生まれてきました。

「愛」と「調和」を体現する

与えの天使

「与えの天使」の姿

いわゆる人間のような姿で現れると
は限りません。たとえば、自然界と
一体化した森の妖精のような姿や翼
を持つ天使や女神の姿や、形ははっ
きりとは見えませんが、光のホログ
ラムのように変容しながら見える姿
もあります。透明感のある姿形は、
クリエイティブな個性とスピリチュア
リティを表現しています。

🌿 **基本的なタイプ**	内向的

🌿 **与えの天使に ふさわしい職業**	福祉・介護関係、医療関係、セラピスト、カウンセラー、クリエイター、アーティスト、サービス業、営業職、ヒーラーなど。

あなたは、愛の精神から、常に誰かのために、社会のためにという意識があり、この世界に愛と調和をもたらす活動をしたいと考えています。あなたは、人々や社会に対して自分が役立てたときに、最も喜びを感じるのです。また、繊細なエネルギーと優れた直感力を持っているので、人の気持ちや思いにも敏感です。ただし、その献身的な思いが活かしきれない自分がいると、途端に自信を失ってしまう一面も。たとえ、"与える"ことがあなたの喜びであったとしても、自己犠牲を強いる状況に陥る必要はありません。他の誰かや、社会の役に立つことがあなたの価値なのではなく、あなたがあなたらしくあり続けることが大切なのです。それが、あなたが"与える"ことを通して、この世界に愛と調和を広げることを可能にするのです。

おすすめ アロマ	イランイラン、ペパーミント、フランキンセンス
おすすめ パワーストーン	セレナイト、モルダバイト
おすすめ スポット	オーガニックマーケット・自然派ショップ、森の中

他の天使との関係性

"役に立つ"役割でも人に寄り添う「与えの天使」と、理性で動く「宇宙的天使」

「何かの役に立ちたい」と願う人は多いのですが、中でも「与えの天使」と「宇宙的天使」はその思いが強い人です。特に「与えの天使」は、人に何かを頼まれたら、決して断ることなどはせずに、なんとかしてそれをやってあげようとする人情派。人との輪を重んじて、人に寄り添うウエットなところがあります。一方で、「宇宙的天使」の方は、同じ「役に立ちたい」という意識でも、自分の納得する形で人の役に立ちたい、と理性的に考えられる人。自分の得意なこと、不得意なことがはっきりしていて、できないことは無理をしません。また、人間関係においても、合う人、合わない人がはっきりしているので自分のペースが守れる範疇で自分の役割を果たそうとします。少しドライなところもありますが、人に媚びずにやることをきちんとやるのが「宇宙的天使」なのです。

message

「与えの天使」からのメッセージ

舞台を作るためには、
各々が自分の役を演じればいいのです。

会社の社長であるその女性は、「与えの天使」らしく社会の
役に立ちたいという強い意志の持ち主でした。でも、平和
主義でやさしすぎる彼女は、それが必要な状況下にあって
も決して部下を叱ったりできない人だったのです。そんな彼
女がトップにいる組織は、次第にまとまりが悪くなり、彼女
自身も自分はリーダーにはふさわしくないと悩んでいました。
そんな彼女へ天使は、こう告げました。「舞台を作るには、
各々が自分の役を演じればいいのです」とのことです。つま
り、舞台を成功させるには、俳優たちが各々の役割を演じる
だけでなく、照明係や音響係、衣装係、美術の係などすべ
ての人たちが自身の役割を果たすことで、ひとつのお芝居が
できあがるのだ、ということなのです。要するに、彼女が理
想とする会社の在り方は、ヒエラルキーではなく、互いが信
頼のもとに支え合うもの。それには一人ひとりがプロ意識を
持ち、責任を果たせるような仕組みをつくることなのです。
早速彼女は全体会議を開き、皆の意見を反映した業務マニュ
アル作りをはじめることにしました。

道開きの天使

あなたは新しい道を開き、
夢と希望のある世界を創造するために
この世に生まれてきました。

「変革」と「開拓精神」を持つ

道開きの天使

「道開きの天使」の姿

背が高く存在感があり、男性の姿で見えることが多い天使です。また、足が大きかったり、ぎょろりと大きな目をしていたりなど、印象に残る風貌をしています。ときには、大きな石を動かして道をつくったり、光の杖で大地を叩いて何かを創造したりなど、この世界で大きな役割を担っていることを表現します。

基本的なタイプ	外交的

道開きの天使に ふさわしい職業	起業家、コンサルタント、会社経営、クリエイター、アーティスト、企画制作、福祉関係、金融関係、流通、メディア、政治関係など。

あなたは鋭い直感力で新たな世界を開拓し、新しい事柄をクリエイトできる人。また、目的意識を明確に持ち、未知の可能性に挑戦するチャレンジャーです。さらには、信念も強く、粘り強いので物事を具現化したり、実現させたりする能力にも長けています。リーダーシップやカリスマ性も持ち併せているので、周囲への影響力も大きい人と言えるでしょう。一方で、あなたは目標を定めると迷うこともなく突進できる人だからこそ、人の心の葛藤や迷いなどが理解できない一面もあります。そんなあなただからこそ、ときには立ち止まり周りの景色を眺めて、人の言葉に耳を傾けることも大切です。周囲の人々の歩調にも合わせて、分かち合いの精神で臨めば、あなたを理解してくれる人や協力者に恵まれるでしょう。

❁ おすすめ **アロマ**	サイプレス、サンダルウッド、ホーリーフ
❁ おすすめ **パワーストーン**	ターコイズ、マラカイト
❁ おすすめ **スポット**	空港、見晴らしの良い丘・高台、砂浜・砂丘

他の天使との関係性

ゼロからビジネスを立ち上げる「道開きの天使」と、既存のビジネスを育てる「風起こしの天使」

ビジネスの世界で活躍する人に多いのが「道開きの天使」と「風起こしの天使」です。そのどちらも男性に多いのですが、この2つの天使にも各々の特徴があります。それは、「道開き」の方は、ビジネスをゼロから立ち上げることが得意で、起業家タイプの人が多いと言えるでしょう。今の時代で言えば、事業の"スタートアップ"をする人たちに多くみられ、新しいものが好きで好奇心旺盛、直感型で道をどんどん切り開いていきます。一方で、「風起こしの天使」は、ゼロからというよりも、すでにあるものを改善、改革していくことが得意で、会社の組織なら参謀役として補佐的な位置に就くことで、より能力を発揮できる人です。このタイプの人は、直感を思考に働きかけて現実化することが得意です。このように同じビジネス系の天使でも、それぞれの個性には違いがみられます。

message

「道開きの天使」からのメッセージ

パズルの一枚一枚が合わさると、
美しい絵が完成します。

その方は、教師生活を経て障害者支援のグループの代表に
なった人です。彼女は、ご自身の子どもが引きこもりだった
ことから、同じような人々が「ものづくり」を通して社会に
出るための団体を作りたいと思ったのです。ただ、どこから
それに着手すればいいのか悩んでいました。告知・集客に
しても SNS も使いこなせません。そんな彼女へ、天使はこ
う告げました。「あなたが支援を通して伝えたいことは何で
すか？ あなたは苦手意識を抱えて生きる人のサポートをし
たいのですね。彼らを助ける方法は、彼らが苦手なことを克
服させるのではなく、得意なことを活かしてもらうこと。外
に出ようとしない彼らが得意とするのは SNS なのです。あな
たが苦手なことが、彼らが得意なことです。パズルの一枚
一枚は形が違うけれど、すべてが合わさった時に美しい絵
が完成します。障害という烙印を取り払い、各々の能力を
発揮できる社会をつくることが、あなたの目指すことではな
いでしょうか」とのことでした。彼女は早速、自分の苦手な
SNS は子どもたちに任せて活動をスタートさせたのです。

風起こしの天使

あなたは、より良き変化を及ぼし、
風通しの良い世界を創造するために
この世に生まれてきました。

「改革」と「変化」を巻き起こす

風起こしの天使

「風起こしの天使」の姿

柔らかな羽衣のような衣装や、動きやすい短い丈の布をまとって現れます。中空を舞いながら風を起こすがごとく舞を踊る姿や、地上から飛び立ってはまた動き、を繰り返す動作で、フットワークの軽い活動力のある様を表しています。

基本的なタイプ	外交的
風起こしの天使にふさわしい職業	マーケティング、企画プロデュース、クリエイター、アーティスト、営業職、サービス業、製造業、福祉・政治関係など。

あなたは自由な発想の持ち主です。また、物事を多面的に見ることができる人なので、あることに改善や改革が必要なら、それを難なく実践できる人。また、一度心を決めたら、すぐに行動に移す瞬発力にも長けていますが、その行動もスタンドプレーではなく、いつも周囲とのチームワークを心がけています。さらには、直感力に長け、頭の回転も速いので、周りの人からも尊敬されています。けれども、あなたの行動力や勢いはスピーディすぎて理解されずに疎外感に悩むことも。そんなときは、自分の本来の目標や目的に立ち戻ってみてください。自身の大いなる目的に目を向ける余裕さえ持てれば、あなたは見事に周囲との調和のもとに、風通しのよい世界を創るという目標を達成していけるのです。

🌿 おすすめ アロマ	クラリセージ、ベルガモット、ジュニパー
🌿 おすすめ パワーストーン	トパーズ、スギライト
🌿 おすすめ スポット	寺院、海辺のカフェ、展望台・タワー

他の天使との関係性

客観的視点を持つ「風起こしの天使」と
相性がいいのは「護りの天使」

物事を一歩引いた場所から捉えられる「風起こしの天使」と相性がいいのは、同じ客観的な視点を持ちながらも、ここぞというときにアクションを起こせる「護りの天使」です。実は、護りの天使は、普段は寡黙で人からはひかえめなタイプに見られているのですが、身近な人が苦しんでいたり、自分にとって許せないことがあったりした際には、自ら積極的な行動を起こせる人。いつもは静かなタイプなので、そんな護りの天使に周囲は驚くことも。同じようなタイプでも風起こしの天使は、全体の空気を読もうとして留まることもあるので、護りの天使の行動力に助けられるのです。風起こしの天使は、護りの天使のドライで人の噂話や愚痴が嫌いなところにも好感を持っています。この2つのタイプが一緒になって行動したら、最強コンビになれるでしょう。

message

「風起こしの天使」からのメッセージ

波と一緒のリズムになってください。

　その男性は、サラリーマン生活に区切りをつけて、長年の夢だった海辺の暮らしをはじめました。サーフスクールを経営して仕事も順調ですが、地元の人との付き合いに悩みを抱えていました。高齢者も多いその地域では、若い夫婦の彼らは珍しく、地元で孤立しがち。でも、なんとか地域に溶け込みたいのです。そんな彼へ天使はこう告げました。「自然を愛するあなたが移り住んだ土地を守ってきたのは、地元の人です。あなたが波乗りに惹かれるのは、波や自然とひとつになれる感覚が好きだからですね。その感覚を大切に、今のあなたができることを行ってください。遠い昔から、人は自然と共に暮らす環境を大事に生きてきました。自然を愛するあなたが波と一緒のリズムになることで、再び人々が集い、助け合えるのです。そのとき、地域の人の波とあなたの波とがひとつになるのですよ」とのことでした。彼は自然を愛する心を大切に、地域の人に自分のできるところから歩み寄っていこう、と思えたのです。

整えの天使

あなたは、生活の中に快適さ・利便性を育み

人々が難なく生きやすい世界を創るために

この世に生まれてきました。

「調整」して「潤滑油役」になる

整えの天使

「整えの天使」の姿

軽やかな衣装をまとっていたり、
さわやかで清潔感あふれるいでた
ちで現れます。イメージとしては、
中空を舞いながら街を眺めて、整
える必要がある場所に向かってい
く姿が見えたり、足元に並べた石
をきれいに整えて、人が歩きやす
い小道を作るような姿が見えるこ
ともあります。

基本的なタイプ	内向的

整えの天使に ふさわしい職業	秘書、マネージャー、コーディネーター、オペレーター、法律関係、公務員、サービス業、金融関係、経理、医療・福祉関係、教育関係など。

あなたは気遣いと細やかな配慮ができる人。また、その繊細な感性で物事を改良・改善することが得意な人です。さらには、客観的な視点も持ち合わせているので、人と人との潤滑油役になりながら、ものごとの全体像をつかみ、それらをバランスよく整えることができる人です。たとえば、普通の人が不便さや扱いづらいことをひと手間かけて行っているのに対し、あなたは、その細やかな感覚や感性で、いとも簡単にそのことを改善・改良し、快適なものに変えていけるパワーがあるのです。ただし、自分のペースややり方にこだわりがあるので、人に合わせることにストレスを感じることもあります。そんなときは、落ち着いて深呼吸をしてみましょう。何事も客観視できる自分に立ち戻ることさえできれば、お互いにとってベストなペースで物事が進められるはずです。

❀ おすすめ **アロマ**	レモンマートル、ミント、セージ
❀ おすすめ **パワーストーン**	パール、ペリドット
❀ おすすめ **スポット**	図書館、博物館、歌舞伎座

他の天使との関係性

秘書役にぴったりの「整えの天使」と
社長になれる「風起こしの天使」のコンビ

ビジネスの関係では、各々が自分の役割が果たせることで最大限の利益や効率を生むことが可能になります。そういう意味において、秘書・マネージャー役になれる「整えの天使」と社長や組織のトップになれる「風起こしの天使」がコンビを組めば、怖いものなしの強力タッグが成立します。まず、この2つの天使は、物事の全体像をつかむのが得意なのですが、整えの天使は、より細かな視点で小さなほころびさえも改善できる人。一方で、風起こしの天使は改善策を見出すのは得意なのですが、細かいことに着手するのは苦手なタイプ。だから、この2人がコンビを組めば、お互いの苦手な部分をカバーしながら、最大限の力が発揮できるのです。実際にビジネスの経営が上手くいっている会社の上層部の天使たちを見てみると、このコンビになっている場合がとても多いのです。

message

「整えの天使」からのメッセージ

あなたは、きれいな洋服を裏返しに着ています。

その主婦の方は、不平不満を抱えている人でした。友人や親戚からも疎外され、つらい目にばかり遭うと嘆いていました。でも、本当は人と仲良くしたいのに、気がつけば人の嫌な面にばかり目が向いてしまうのです。彼女はそんな自分を全否定して悩んでいました。さて、天使からすると、その人はきれいなものが好きな美意識が高い人だったのです。彼女は美しいものを見ようとするあまりに、逆に汚い部分や醜い部分が目に入ってしまうのです。天使は彼女にこう告げました。「あなたのものの見方は、あたかもきれいな洋服を裏返しに着て見ているようなものです」、と。審美眼も高い彼女は、知らぬ間に美しい洋服を裏返しに着ているように、自分も人も、ネガティブな方向から見る癖をつけてしまっていたのです。そう告げられた彼女は、「なるほど！　では、意識的にものの見方をひっくり返せばいいんですね！」とシンプルに納得していました。彼女は自分に美意識があることを知るとうれしくなり、これからはもっと美しいものを楽しむことを大事にしようと思ったのです。

護りの天使
（まも）

あなたは、公平さと平和を追求する人。
誰もが平等に幸福になれる社会を創り護るために
この世に生まれてきました。

「信念」と「仁愛」で尽くす
護りの天使

「護りの天使」の姿

男性の姿であることが多く、女性
の天使の場合でも男性的なエネル
ギーを強く感じます。"護り"を意
味するように、大きな盾と剣を持っ
て現れることもあります。勇まし
い姿の中に、正義感と慈愛に満ち
た温かさを同時に感じます。

基本的なタイプ | 内向的

**護りの天使に
ふさわしい職業** | 自営業、福祉・教育関係、出版・文筆業、マネジメント・管理業、企画制作、製造業、公務員、政治関係など。

あなたは正義感が強く、深い愛情で人を護ろうとします。また、一度関わったことには責任を持ち、たとえ困難に直面しても、とことん最後までやり遂げられる粘り強い人。そんな情に厚く、仁義を重んじるあなたは周囲の人からも信頼され慕われています。でも、意外にもあなたは、行動力はあっても口下手なところがあって、1人で黙々と行動してしまうタイプ。場合によっては、あなたのそんな行動は周囲には理解されにくく、独りよがりだと思われて孤独感を募らせる一面も。そんなときこそ、まずは自分自身のやさしさと尊さに気づくことが大切です。勢いのある行動の奥にある自身の愛を認めてみましょう。自分の心に素直になってそのままの思いを伝えられれば、皆と共同作業をしながら、あなたの思いも実現できるのです。

🌼 おすすめ **アロマ**	ユーカリ、オレガノ、ティーツリー
🌼 おすすめ **パワーストーン**	オプシディアン、チャロアイト
🌼 おすすめ **スポット**	映画館、格闘技場・スタジアム・競馬場、古代遺跡

他の天使との関係性

落ち込んだときに救ってくれる
「守りの天使」と「いざないの天使」

「護りの天使」の中には、やさしい自分と頑固な自分、強い自分と弱い自分などいつも両極端な二面性の自分が存在しています。だから、繊細な「護りの天使」はそんな自分に迷い、落ち込んでしまうことも多いのです。そして、一旦落ち込んでしまうと、気持ちを持ち直すまでに時間を要してしまいます。そんなとき、救いの手を差し伸べてくれるのが「守りの天使」。守りの天使は、そんな状況を理解して、黙って寄り添ってくれるので、そのやさしさに救われるのです。また、「いざないの天使」は、落ち込んでいる理由も聞かずに、ただ楽しいことに誘ってくれる人。落ち込んでいた護りの天使も、そんないざないの天使の思いやりに、一瞬で気持ちを切り替えられるのです。

message

「護りの天使」からのメッセージ

愛を歌うためには、
人生で苦しみを味わうことも必要です。

その女性はオペラ歌手になりたくて、イタリアに留学して
声楽を学んだ方でした。でも、オペラ歌手としてデビュー
することも、生計を立てることも並大抵のことではありませ
ん。彼女は、自分のキャリアがなかなか上手くいかないこと
にジレンマを感じていました。それでも彼女は何とか努力し
て、歌で感動を与える人になる夢をあきらめたくありません
でした。そんな彼女に天使が告げたのは、「あなたは愛の歌
を歌うのです、そのためには、苦労することも必要です。苦
悩や葛藤があなたの人間性を彩り、芸に深みを加えるので
す」とのことでした。実は、彼女は裕福な育ちで、これまで
ほとんど苦労を味わったことがなかったのです。天使は、そ
んな彼女に向かって、「人生において苦しみや苦悩を自分で
味わってこそ、あなたの歌声に深みが加わり、人々に感動を
与えられるのですよ」と伝えたかったのです。一見厳しいよ
うな天使の言葉ですが、彼女は自分の夢を叶えるためには、
いばらの道でも、それを味わい楽しみながら歩いていこう、
という勇気が湧いてきたのでした。

喜びの天使

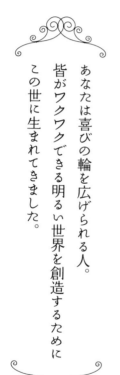

あなたは喜びの輪を広げられる人。
皆がワクワクできる明るい世界を創造するために
この世に生まれてきました。

「自由さ」と「躍動感」がはじける

喜びの天使

「喜びの天使」の姿

ピタッとした動きやすい服や、動
くと美しく見える柔らかな衣装を
まとって現れます。また、妖精や
ピーターパンのような姿で現れる
こともあります。そんな存在たち
が、手に持った魔法の杖から明る
い光を放ったり、美しい花々を人々
に振りまいたりするようなビジョン
が見えることもあります。

基本的なタイプ

外交的

喜びの天使に
ふさわしい職業

教育関係、クリエイター、アーティスト、
旅行業、営業職、広報・PR、流通業、企
画制作など。

あなたは、人を笑顔にできる人。あなたは、人の笑顔を見ると幸せになれるし、いつも明るいあなたの笑顔も人々に幸せを届けているのです。またあなたは、常に人が喜ぶことのアイデアがどんどん湧いてきて、周囲の人を明るく元気にすることが得意です。好奇心が旺盛で、豊かな感性で感じたことを、あなたならではの表現力で伝えるクリエイティブ能力にも秀でています。ただし、多くの人を喜ばせようとするあまりに、ついつい周囲の期待に応えようとして、自分が望まないことにも無理をして応じてしまうことも。そんなときは、まずは自分が喜び、楽しめることを優先するようにしてください。あなたが本当に心から笑顔になれることこそが、喜びの輪を広げていけるのです。

おすすめ アロマ	スイートオレンジ、リンデン、マンダリン グリーン
おすすめ パワーストーン	アメジスト、サファイア
おすすめ スポット	コンサートホール、遊園地、マルシェ（市場）

他の天使との関係性

楽しいことが大好きな「喜びの天使」と 相性がいいのは「いざないの天使」

　人づきあいが良くて楽しいことが大好きな「喜びの天使」は、どんな天使たちとも大抵仲良くできるのですが、特に相性がいいと言えるのは「いざないの天使」です。たとえば、喜びの天使は、自分が影武者になってでも皆を盛り上げて楽しみたいと思える人なのですが、いざないの天使は、自らが人を呼び込んで仲間の輪を大きくしながら楽しむことができる人です。つまり、ドラマや映画の監督役になれるのがいざないの天使だとしたら、その脚本を書く脚本家になるのが喜びの天使なのです。そのどちらも最終的な目標はひとつなので、この２つの天使が一緒に組むと、ぶつかり合うこともなくスムーズに事が運ぶだけでなく、素晴らしい創造性を発揮することができるのです。

message

「喜びの天使」からのメッセージ

あなたは、透明な瓶の中に入っています。
今すぐ、そこから出てきなさい！

マーケティング関係の仕事に就いているその女性は、念願のリーダー的ポジションに昇進したのに、自分に自信がなく不安を感じていました。というのも、彼女は、子どもの頃から厳しかった母親からほめられた記憶がなく、ここぞというときにはいつも不安になり失敗してしまうのです。そんな彼女へ天使が告げた言葉は、「努力の結果、あなたは今、夢を叶える入口に立っています。でも、今のあなたは、まるで身の丈の合わない子ども用のガラス瓶の中に背中を丸めて入り、蓋を閉めているように見えます。叶えたい夢があるのなら、背筋を伸ばして立ち上がるのです。すると、実際にはガラスの瓶には蓋もなく、自由に動けるスペースがあることに気づくでしょう。見えない瓶の中に身体を押し込めていたのはあなた自身なのです。さあ、自分を信じて背筋を伸ばし、そこから出てきなさい！」ということでした。彼女は、自らを留まらせていたのは過去の母親とのトラウマではなく、自分自身であり、現実は望めば今すぐ変えられるのだ、ということに気づいたのです。

橋渡しの天使

あなたは、人と人とをつなぐ橋渡しができる人。
それぞれの特性が輝く世界を創り出すために
この世に生まれてきました。

「共有」して「つなぎ役」を果たす

橋渡しの天使

「橋渡しの天使」の姿

美意識が高く個性的な姿で現れます。手織りの刺繍やレースなど、繊細で質感にこだわる独創的な衣装をまとっていることが多いです。笑顔で明るい気質をしています。また、楽器を奏でて人と分かち合う姿や、人と人を両手でつなぐ架け橋の役割をする姿で現れることもあります。

🌸 **基本的なタイプ**	外交的

🌸 **橋渡しの天使に ふさわしい職業**	マスコミ関係、プロデューサー、クリエイター、マーケティング、営業職、流通サービス業、政治関係など。

あなたは直感力と行動力を併せ持ち、人と人とをつなぐ橋渡しをすることが得意で、そのことに喜びを感じる人。あなたを通して、個性と個性がぶつかり合うことなく調和のもとに広がっていきます。また、好奇心が旺盛で社交的で楽しい付き合いを好みます。美意識も高く、独特の感性で自分の世界を構築できる人。また、思ったことをそのまま伝えても、正直で純粋なあなたなので、目上の人や社会的地位のある人にも可愛がられます。でも一方で、自由であることを好むので ルールに縛られる環境ではストレスを感じて、自信を失くしてしまうことも。そんなときこそ、自分の感性を信じてください。自分にとって心地よい環境に自分の身を置くことこそが、あなたらしく幸せの架け橋をつないでいけるのです。

 おすすめ **アロマ**	ジャスミン、クラリセージ、ゼラニウム
おすすめ **パワーストーン**	オパール、ラブラドライト
おすすめ **スポット**	クラブ・居酒屋、劇場・シアター、ヴィンテージショップ

他の天使との関係性

"つなぐ" 役割でも、人と人をつなぐ「橋渡しの天使」と全体像を捉えて結ぶ「整えの天使」

「橋渡しの天使」と「整えの天使」には、どちらにも「つなぐ」とか「調整する・整理する」という役割があります。でも、「橋渡しの天使」の方がより社交的でオープン。どんな人とも付き合えるフレンドリーなところがあります。特に、「人と人をつなぐ」才能があるので、ある人のユニークさや才能がわかると、その才能を引き立てられる人とをつなごうとします。また役に立つ情報を入手したなら、その情報が必要な人にすぐにでも伝えようとします。一方で「整えの天使」の方は、整理整頓していくことが得意な人です。特に、物事を俯瞰して把握した上で、必要な所に細やかな配慮をしていくことができる人。オープンな「橋渡し」の人と違って、「整え」の人は人見知りな部分があり、意識は自分の内側へと向いています。でも、そんな人だからこそ、全体像がきちんと把握できるのです。

message

「橋渡しの天使」からのメッセージ

あなたが好きな海で、思いきり泳ぎなさい！

その男性は大学を卒業すると、しばらくの間、海外を旅していた人でした。そして、帰国すると、どこの国でも友達をつくることができる社交性を活かし、彼は営業職の仕事に就いたのです。ところが、現実は厳しく、彼は上司から売上のノルマを課せられると、そのプレッシャーで持ち前の社交性も発揮できずにいました。そんな彼に、天使はこう告げました。「紛れもなく、社交性はあなたのギフトです。ただし、そのギフトはあなたが心から響き感動し、楽しむことで活かせるのです。大切なのは、あなたが心から好きだと感じられる海で泳ぐことです。それができれば、あなたは心で感じることをその豊かな感性で、伝えたい人に伝えていくことができるのです」ということでした。彼は早速、同じ営業の仕事でも自分が最もワクワクできる分野の仕事を探すことにしたのです。

I

贈りの天使

あなたは直感的に人のニーズがわかる人。
その人に合った喜びを提供し
互いに違いを認め合える世界を創るために
この世に生まれてきました。

「鋭い感性」で
「人が求めるもの」に応える

贈りの天使

「贈りの天使」の姿

フェミニンなドレスや凝った刺繍の
衣装などをまとっています。男性の
場合は、紗（薄く透き通る絹織物）
の着物や麻の衣装など、ディテー
ルにこだわるものをまとっています。
イメージとしては、宝船に人を乗せ
ていく姿や、一人ひとりに捧げる歌
詠みをして、それを手渡したりなど、
丁寧に物事を推し進めている姿が
見えることもあります。

基本的なタイプ	外交的

贈りの天使に ふさわしい職業	デパートやショップなどの店員、サービス業、アーティスト、コンサルタント、エンジニア、セールス、教育関係、流通、製造業、旅行業、セラピストなど。

あなたは、それがまるで自分のことであるかのように、相手が喜ぶものがわかり、必要とするものを与えたり、創造したりすることが得意な人です。なぜなら、あなた自身の美意識が高く感性も豊かで、インスピレーションを大切に生きている人だから。また、あなたは心に響いたものを周囲の人と共有することに喜びを感じる人です。人の気持ちや、ニーズを理解した上で物事を推し進められるので、人との信頼関係も上手に構築できます。ただし、常に相手に合わせることを優先しがちなので、自分を後回しにしてしまうことも。言いたいことが言えずに、人知れず我慢する傾向があります。そんなときは、"公平さ"とは他の人だけではなく、自分のことをも含むということを理解してください。自身の心の声に耳を傾けることが、結果的にお互いの喜びへとつながるのです。

❀ おすすめ アロマ	レモン、ラベンダー、パルマローザ
❀ おすすめ パワーストーン	ルビー、レッドスピネル
❀ おすすめ スポット	デパート・ショッピングセンター、静かな海辺・湖畔、テーマパーク

他の天使との関係性

受け取ることが下手な「贈りの天使」と
相性がいいのは「整えの天使」

サービス精神が旺盛で、しかも自分が前に出過ぎずに人を
喜ばすことができる「贈りの天使」。でも、そんな贈りの天
使は、自分は受け取り下手だったりします。そして、そんな
贈りの天使のサポートができるのが「整えの天使」なのです。整えの天使は、物事の流れを客観的に見て潤滑油役に
回ることができる人。贈りの天使の行動を観察して、贈りの
天使に必要なことをさりげなくフォローアップできるのです。
そんな整えの天使に贈りの天使は全信頼を置いています。
また、とても気が利く整えの天使は、あまりにもそれが自然
にできてしまうので、それが自分の才能ということにも気づ
いていません。でも、贈りの天使から感謝されることで、整
えの天使も自信を持つことができるという、お互いが成長で
きる関係にあるのです。

message

「贈りの天使」からのメッセージ

あなたは、心地良い温度を保つ
温度計のような人です。

その女性は、デパートのフロアでアクセサリー店の店長を
している方でした。きれいなものが大好きな彼女は悩みが
ないのが悩み、というような朗らかな方でしたが、彼女はスピ
リチュアル系の本によくある「使命を持つ」という言葉を目
にするたびに、「目的意識のない自分はこのままでいいの?」
という疑問を持っていました。そんな彼女へ、天使はこう告
げました。「すべての人の魂の目的は、幸せに生きることで
す。穏やかなあなたは、今の自分を大切に生きていますね。
あなたは、あなたなりに魂の旅を続けてここまできたのです。
今、広いフロアで仕事をしているあなたは、心地よい温度を
保つ温度計のような存在です。普段は、黙々と仕事をこな
していますが、周囲の空気が変わるとすぐにそれに気づき、
さっと手を差し伸べられる人なのです。だからこそ、周りは
再び穏やかな空間に戻っていけるのですよ」とのことでした。
彼女は、まさに今の生き方が自分の使命を生きていることを
知ったのです。

伝えの天使

あなたは好きなことをワクワク楽しむことで、
人を幸せにできることを伝えるために、
この世に生まれてきました。

「感性」で伝える「メッセンジャー」

伝えの天使

「伝えの天使」の姿

貴族のような衣装や、ディテールやデザインの風合いが美しい、こだわりのある個性的な衣装を着た姿で現れます。イメージでは、美意識とこだわりを持って、一心に何かを手掛けている様子として見えることもあります。

基本的なタイプ	内向的

伝えの天使にふさわしい職業	文筆家、詩人、ミュージシャン・歌手、役者、研究者、企画制作、クリエイター、製造業、教育関係など。

あなたは好きなことを極めて、一途に取り組むことが得意です。また、好きなことがはっきりしているので、そのワクワクした気持ちを楽しんでさえいれば、人に自分がどう思われるか、などには無頓着。寛大な心で人の個性も楽しむことができます。また、独特なセンスと豊かな感性で何かをクリエイトする力があるので、周囲の人に影響やインスピレーションを与えられる人です。けれども、その突出した才能を持つ反面、普通の人が当たり前にできることに興味が持てないことが、逆に苦手意識や劣等感につながる一面も。そんなときは、人には誰しも得意・不得意があることを受け入れてください。得意なことを活かす道こそが、あなたと皆の幸せにつながることを信じてください。

おすすめ アロマ	ローズウッド、ローマンカモミール、ネロリ
おすすめ パワーストーン	ラピスラズリ、シナバークオーツ
おすすめ スポット	本屋、美術館、露天風呂

他の天使との関係性

同じ人生を楽しむ達人でも、一人上手な「伝えの天使」と、皆で楽しむ「喜びの天使」

「伝えの天使」と「喜びの天使」はどちらも人生を楽しむ達人。ストレスを上手にかわしながら、喜びにあふれた人生を送る才能があるのがこの2つの天使です。でも、「伝えの天使」は、好きなことをするにしても、自分だけのこだわりや美意識の強い人。1人の時間を好み、その時間の中で好きなことに没頭して楽しめるのです。一方で、「喜びの天使」は人を笑顔にするのが好きな人。どちらかというと寂しがり屋さんで、1人でいるのが苦手な人。多くの人と関わり合いながら、皆の笑顔を見て自分もハッピーになれるのです。喜びの天使には、周囲からの評価はとても大事。でも、孤高の人である「伝えの天使」は、周囲の評価は特に気にならないのです。好きなことをやっていたら、結果的に周囲から評価されていた、というタイプだといえるでしょう。

message

「伝えの天使」からのメッセージ

自分の翼を閉じて、他の乗り物を探していませんか?

その女性は、何冊ものエッセイ本を出しているエッセイストでした。かつての彼女は、面白いテーマの話を中心にエッセイを書き、書くことが楽しくて仕方がなかったのです。ところが年齢を経た今、環境、政治、教育問題に興味が移り、それらに問題意識を持ちはじめると創作意欲も失われてしまい、昔のように書くことが楽しめなくなってしまったのです。そんな彼女に、天使はこう告げました。「あなたの才能は、興味があることを掘り下げて、それを独自のセンスで伝えることです。今、興味のあることにフォーカスするのです。あなたの究極の願いは、皆が笑顔でいる世界をつくることであり、それは、これまでと何ら変わりはありません。それなのに、今のあなたは自らの翼を閉じて、他の乗り物を探しているようなものです。今、あなたが興味を持っていることからも、多くの気づきやユーモアが伝えられるのです。どんなテーマでも深刻になりすぎずに、希望を以て伝えられるのです。さあ、翼を大きく広げて、あなたのメッセージを届けてください」とのことでした。彼女は、昔も今も自分のやりたいことは同じであることに気づいたのです。

宇宙的天使

あなたは鋭い直感力を持つ人。
優れたインスピレーションで
より良き社会、平和な世界を創り出すために
この世に生まれてきました。

「宇宙・ワンネス意識」を
呼び覚ます

宇宙的天使

「宇宙的天使」の姿

メタリックな肌質だったり、大きなヘルメットのような頭だったり、姿が刻々と変化したりなど、それぞれがユニークで人間らしくない、宇宙的な存在の姿で現れます。いわゆる、「スターシード（宇宙から来た魂を持つ人）」と呼ばれる人には、このタイプが多いと言えるでしょう。その姿にエネルギーの強さをたたえているのが特徴です。

基本的なタイプ	内向的

宇宙的天使に ふさわしい職業	科学者、学者、研究者、専門職、アーティスト、クリエイター、企画制作、製造業、セラピスト、ヒーラーなど。

あなたは物事を俯瞰する視点を持ち、より良き社会へと変化を起こす活動を望みます。また、直感力に長けていて、豊かな創造力で物事を生み出すことが得意です。自分の所属する社会や地域の中で、よりグローバルな視点からも平和と調和のための生き方が実践できる人。ただし、人と関わることに苦手意識があったり、自分を取り巻く環境に対する違和感があったりなど、その意識の高さと相反する葛藤を持ち、生きづらさを感じる一面も。でも、世の中に変化を巻き起こすためには、そんな違和感や疎外感さえも経験する必要があるのです。その経験を糧にして、より善なる行動を起こしていきましょう。また、発達障害とされる子どもたちにも、宇宙的天使は多いのですが、そのユニークさこそが魂のギフトです。得意なことを活かすという宇宙的概念で育ててあげてください。

おすすめ アロマ	レモングラス、ミルラ、パイン
おすすめ パワーストーン	ヒマラヤンクリスタル、リビアンゴールドテクタイト
おすすめ スポット	プラネタリウム、アクアリウム、山、城・城跡

他の天使との関係性

超マイペースな「宇宙的天使」と
相性がいいのは、個性派の「伝えの天使」

　突出したユニークな才能を持つ「宇宙的天使」は、面白い
ことに、同じ家族の中で他に宇宙的天使がいないことが多
く、厳格な両親のもとでコンサバな環境に囲まれて育つこと
が多いのです。もともと宇宙的天使は、超マイペースで常
識はずれなところもあるので、そんな環境下で苦しみ自己否
定が強くなってしまいがちなのです。でも、それも、自身の
ユニークさを活かすためにあえてそんな条件を選んで生まれ
てきているのです。そんな宇宙的天使は、やはり、同じ宇宙
的天使と気が合います。出会った瞬間に言葉を超えた共鳴
が起こり、すぐに仲良くなれるでしょう。同じように、マイ
ペースで個性派の多い「伝えの天使」もお互いに気を遣わ
ない相手として好相性です。

message

「宇宙的天使」からのメッセージ

あなたは、あなたの太鼓を叩きなさい！

ＯＬのその女性は、独自のクリエイティブなセンスを持つ人でしたが、人間関係が苦手でした。たとえば、何かあるとつい強い口調になったりして、社会で上手く生きられない自分に自信を失いかけていました。また、直感的に自分に合う人・合わない人がわかるために、協調性が求められる OL のような仕事は苦労が多かったのです。本来なら、彼女は組織で生きるよりも、自分らしく生きられる仕事がふさわしいのでしょう。そんな彼女に、天使は「あなたは、あなたの太鼓を叩きなさい」と告げたのです。常に、「正しいのか、間違っているのか」と白黒をつける視点で物事を捉える彼女に、天使は「誰が正しい・間違っているということではなく、各々が各自のリズムを持っているのだ」ということを伝えたかったのです。リズムが合う楽器同士なら、美しいメロディだって奏でられるのです。彼女は、無理に合わせようとするよりも、自分のリズムで生きていける職場や仕事を改めて考えてみることにしました。

いざないの天使

あなたは、調和の精神を愛する人。
豊かなコミュニケーション力で
お互いが助け合う世界を創造するために
この世に生まれてきました。

「仲間意識」と「融合」を重んじる

いざないの天使

「いざないの天使」の姿

男性の場合は、僧侶や修験道の行者のようないでたちをしています。女性の場合は、修道女や母性豊かな女性の姿や慈愛に満ちた聖母のようないでたちをしています。そのどちらも、その大きな懐で心地よい空間に人々を招き入れるような姿で現れます。

基本的なタイプ

外交的

いざないの天使にふさわしい職業

会社や組織の経営者、マネジメント、プロデュース、企画制作、教育関係、公務員、福祉、旅行業など。

広い視野を持ち、調和の精神にあふれたあなたは、人と人とが協力し、助け合うコミュニティをつくることが得意です。また、コミュニケーション能力にも長けているので、その人の良い部分を認めて、さらにはその人の潜在能力を引き出す力があります。ただし、仲間意識を大事にするあまりに、自己主張が強すぎる人を避けたり、そんな人には言葉をかけることが苦手で、人知れず傷ついたり自分を責めてしまう一面も。そんなときには、本当の仲間意識とは、お互いの違いを認め合うことからはじまるのだ、ということを覚えておいてください。あなたなら、個性豊かな人たちが集まってひとつになり助け合う世界を創造できるのです。また、そんな世界に人々をいざなうことで、あなた自身もイキイキと輝けるのです。

おすすめ **アロマ**	オレンジ、パルマローザ、ローズマリー
おすすめ **パワーストーン**	ダイアモンド、モルガナイト
おすすめ **スポット**	パーティー、物産展、カルチャースクール

他の天使との関係性

コミュニケーション上手でも仲間意識の強い「いざない
の天使」とパーソナルな関係が得意な「贈りの天使」

「いざないの天使」と「贈りの天使」は、どちらもコミュニ
ケーション上手で人付き合いが得意。でも、「いざないの天
使」は「いざなう」という言葉にもあるように「皆、こっち
へいらっしゃい！」と皆と一緒に集うことが好きな人。仲間
意識が強くて、皆に対してもやさしくできる人です。言って
みれば、人間大好きな人。片や、「贈りの天使」の方は、同
じコミュニケーション上手とはいえ、一人ずつの個性を尊重
できる人。自分のことを後回しにしても、相手のことを優先
してその人に合ったサービスをするような人です。わかりや
すく言えば、いざないの天使は、パーティーに大勢の人を招
待して皆とわいわいがやがや楽しめる人だとしたら、贈りの
天使は、パーティーはせずに、その費用で一人ひとりに合っ
たプレゼントに手描きのメッセージを添えて贈るような人で
す。

message

「いざないの天使」からのメッセージ

曇りメガネで景色を見るのは止めなさい！

その男性は、イベント企画の仕事に就いている方でした。彼にとってイメージを具現化する仕事は自分にはぴったりなのですが、自分の下で良いチームができたと思ったら、辞める人が続くことで悩んでいたのです。部下から裏切り行為にも遭ったことがあり、ついに、自分のやり方にも自信が持てずに疑心暗鬼になってしまいました。そんな彼に、天使はこう告げました。「あなたは人の才能を見出して、その人の進む方向へと導くことが得意です。でも、過去の失敗から信頼関係を持つことに不安を抱いています。人の心は写し鏡です。あなたの心が相手にも映し出されます。今のあなたは、まるで曇ったレンズのメガネをかけて、人を見ているようなものです。人は信じた世界に生きるので、そのメガネをはずして、そのままの姿を見るようにしてください。あなたと共に働く人は、あなたの信頼を得ることで活躍できるのです。周囲とのコミュニケーションを大切にしながら可能性を広げていってください」ということでした。そこから彼は、自分の心をまっさらにして、自分のチームと付き合う覚悟を決めたのでした。

第5章

天使との約束を
果たすために

あなたも天使とつながることができる！

　あなたも、自分だけの天使と出会えましたか？

「今の自分の仕事は、まさに天使が得意だと言ってくれたものだった」
「今のところ、まったく自分の能力は活かしきれていないような気がする」
　など、さまざまな思いを抱かれたのではないでしょうか。

　でも、天使がいつも語るように、そんなあなたの今の思いは、どれもが間違いではありません。
　あなたが今、人生のどんなプロセスにいようとも、今日ここで、自分だけのギフトに改めて気づくタイミングにいたのです。
「自分にはこんなギフトがあるんだ」、ということをまずはご自身で知っていただくところからすべてがはじまるのですから。

　さて、こんなふうに皆さんの天使とつながる私のことを「すごいですね！」と言う方もいらっしゃいます。
　でも実は、あなただって自分の天使とつながることは可

能なのです！

　本書を通して、これまですでにお伝えしてきたように、選ばれた人だけが天使とつながれるというものではなく、実際に、あなたもご自身の天使とはいつもつながっているし、意識はしていなくても天使とコンタクトを取っているのです。

　とはいえ、「今、私は天使とつながっている」という確かな感覚を持ちたい人もいるはずです。
　そこで、そんな人のために、瞑想を通してあなたの天使とつながり、ガイダンスを受け取る方法をご紹介したいと思います。

　ご自身で直接天使とつながる感覚を一度マスターできると、以降、天使と必要なときにはいつでもつながれるようになります。
　それは、自転車に一度乗れるようになると、それ以降は、それまで自転車に乗れなかったのがウソのように簡単に乗りこなせるように、あなたも簡単に天使とつながれるのです。

　すべてのことに練習が必要なように、天使とつながるのもエクササイズありきです。

　ポイントは、「天使とつながらなければ！」と力まずに、できるだけリラックスすることです。

　それでは、次からご紹介する瞑想法で、あなたもあなただけの天使とつながってみましょう！

天使とつながり、天使から
ガイダンスを得る瞑想法

1

楽な姿勢で座ります。
呼吸に意識を集中させて
身体をリラックスさせます。

2

身体がリラックスしたら背骨を真っ直ぐにし、自分のペースの呼吸をしていきます。

3

ハートの中心に意識を集めてください。息を吐きながらハートから背骨沿いにエネルギーを下ろし、ベースチャクラを通って足先へ、さらに足の裏から大地へ、そして地球の中心まで自分のエネルギー（根）が下りていくことを想像します。エネルギーが地球の中心まで届いたら、その深い場所で自分のエネルギーがしっかりと根を張るところをイメージします。

次に、息を吸いながら、地球の中心から頭頂まで
大地のエネルギーを吸い上げます。地球の中心か
ら大地へ、そして、足の裏から足首、膝、尾てい
骨、お腹へとエネルギーが上がっていきます。お
腹からハートの中心までゆっくりとエネルギーが
上がり、ハートの中心まで上がってきたら、今度
はそのエネルギーがハートからどんどん外へと広
がっていく様子をイメージしてください。

光り輝く暖かいエネルギーがハートからどんどん
と湧いてきては、外へ外へと放射状に広がってい
きます。エネルギーは上へも昇っていきます。光
のエネルギーは、あなたの頭頂を通って、頭上か
ら天界へと続いていきます。

天の光は、あなたの頭頂を通り、
あなたの身体にも注ぎ込まれてい
きます。まぶしく輝く天の光です。
それはとても暖かく、安らかで平
和なエネルギーです。

創造主の源（呼び名は、「神さま」「創造主」「ユニ
バース」など、あなたの感覚にしっくりくるものを
選んでください）、そして、あなたのハイアーセル
フに対して、あなたが今から天使とコンタクトをす
ることに対する許可を取ります。心の中でそっとコ
ンタクトを取ってみてください。

お願いが済み、許可を得た感覚を感じたら、「許
可をいただきました。ありがとうございます」と唱
えます。

今、あなたは　創造主の了解のもとに、天使界につな
がりました。天の光があなたの頭頂を通り、あなたの身
体に注ぎ込まれています。それは、まぶしく輝く天の光
でとても暖かく、安らかで平和なエネルギーです。そ
の光を抱きながら、再びハートの中心に意識を戻して
いきます。あなたのハートの中心の光が外へ外へと輪
を広げています。すると、広がる光の先に1つの扉が見
えてきました。その扉はあなたと、あなたの守護天使が
出会うための扉です。その扉はどんな形をしているで
しょうか？　どんな色をしていますか？　感じるままに
それらを受け止めてみてください。

さあ、あなたはドアノブに手をかけてその扉を開き、
ゆっくりと扉の向こうに歩みを進めていきます。扉の向
こうには、1本の光を放つ道が見えます。すると、道の
向こうから、あなたの守護天使が近づいて来ました。
やさしい笑みを浮かべ、あなたを見つめるまなざしが見
えてきます。

今、あなたの目の前にあなたの守護天使
がやってきました。あなたの天使は、どん
ないでたちをしているでしょうか？ どん
な表情をしていますか？ 手に何かを持っ
ていますか？ どんなふうに動いています
か？ そのまま、感じてみてください。

あなたの意識は、いつもの感覚と違っています。それ
は、ふわふわとした感覚ですが、とても安心できる心
穏やかな状態です。あなたは今、守護天使のメッセー
ジを聞き取る準備ができました。あなたの神性が宿る
ハートの中心から、「今の自分に必要なメッセージを伝
えてください」と天使にお願いしてみましょう。

さあ、天使からのメッセージを
受け取ってみましょう。
このプロセスは、ゆっくりと
時間をかけても構いません。

11

そろそろ、天使とお別れをする時間がやって
きました。けれども、あなたの守護天使はあ
なたのそばを片時も離れることはありません。
あなたが天使を感じたいと思えば、いつでも
そばに感じることができます。天使と共にい
る平和で心が温かい感覚をしっかりと覚えて
おいてください。あなたはいつでもその状態
に戻ることができ、その際には、いつでも天
使に守られているという絶対的な安心感も同
時に得ることができるのです。

12 ∿

天使に別れを告げたら、ハートの中心へと戻っていきましょう。天使はあなたをやさしいまなざしで見送ってくれています。今、あなたはドアノブに手をかけて、元いた場所、ハートの中心に歩みを進めていきます。

13 ∿

再び、ハートの中心から今一度地球の中心に向けてエネルギーを下ろし、地球の中心からエネルギーを上げてハートまで戻しましょう。

14 ∿

エネルギーがハートまで戻ってきたら、天使に感謝の気持ちを伝えて、ハートの扉を閉めて、いつもの日常の現実に自分の意識をゆっくりと戻していきます。

　いかがでしたか?

　天使とつながることはできましたか?

　その場合、天使からどんなメッセージを受け取りました
か?

　メッセージは、必ずしも言葉で降りてくるとは限りません。
色や形、イメージや光、文字などさまざまな形で現れてく
ることがあります。そのどの方法が良い、悪い、正しい、間
違っているということもありません。

　天使とつながったときの暖かいエネルギーの感覚を通し
て、あなたが感じること、気づくことがあれば、それらのす
べてが天使からのメッセージであり、ガイダンスなのです。

　まずは、それらを自分でジャッジせずに、すべてを感じる
ままに受け取ってください。

　たとえば、私がその人の天使とつながっているとき、天使
は大切なことは何度も繰り返して言います。

　また、私の場合は天使とつながると、少し低い声になり
早口になったりします。

　そんなふうに、天使とつながっていると、あなただけの天
使の見え方、感じ方があるはずですし、それは、私と同じス
タイルである必要もないのです。

　あなただけのつながり方を、自分なりにトライしながらご

自身の感覚でつかんでみてください。

　このつながりのプロセスは、何度も行うほどに、あなたと天使の結びつきは、より強固になっていくでしょう。

天使との約束は地上で果たす

「思い切って転職して、新たな仕事にチャレンジしています！」

「自分の得意なことがわかって、自信が持てるようになりました」

「天使がいつもそばにいると思うと、なんだってできるような気がします！」

　天使からのメッセージを受け取って人生を変えた多くの方々から、たくさんのそれぞれの"その後"のレポートやエピソードが私の元へ毎日のように届いています。

　クライアントさんたちが、各々の人生のプロセスにおいて自分のギフトを最大限に活かし、自身が持っていた大いなる力を思い出しながら、思いのままに生きている様子が伝わってくると、私は心から幸福を感じるのです。

　第2章の「天使とつながった日」でもお話ししたように、天使とつながることのゴールは、そのメッセージを現実の生活や行動に活かして、自分の人生をより良きものにしていく、ということです。

　そして、人間として肉体を持つ存在として、愛と喜びに満ちた日々を生きていく、ということに尽きるのです。

　スピリチュアリティの概念は近年、量子力学でも証明されはじめ、一般的にも徐々に「見えない世界」のことが受け入れられはじめていることは、とても喜ばしいことだと感じています。

　そのことをまるで証明するかのように、膨大なスピリチュアルの情報が書籍やセミナーだけでなく映画やSNSなどの動画などで日々、発信されています。

　それらのどんな情報にも意味があるでしょう。けれども大切なのは、その情報を自分の人生にどう取り込んで、活かすか、ということに尽きると思うのです。

　私は、スピリチュアリティとは、「生き方の選択」であり「自分の在り方」だと思っています。

　それは、この現実に、本当の自分が求めることを実践することであり、日々の生活の中に自分の喜びを見出せることだと思うのです。

あくまで、スピリチュアルな情報は、そのことに気づくためのツールなのだと思います。

「すべての答えは自分の中にある」ということを思い出し、自分軸で生きることこそが、スピリチュアルな生き方と言えるのです。

かくいう私も、スピリチュアルな世界をお伝えする1人です（笑）。

とはいえ、見えない世界の存在である天使という言葉を使ってはいますが、私はあなたに "ファンタジーの世界" や "神秘の世界" をお伝えしようとは思いません。

今日、この地上に生きているあなたに、確実に明日はやってくるし、明後日もやってくるのです。

そんな肉体を持つ人間として、天使との約束はこの地上で実現するものなのです。

そして、それを皆さんにお伝えするのが、この私が天使と約束をしてきたことなのです。

私のこれから

これまで、私は約6000人の方の天使に出会ってきました。

　現在、毎日のようにクライアントさんに向けてセッションを行う中で、愛の存在そのものであるその方だけの天使が姿を見せてくれるとき、今でも私の心は毎回ときめくのです。

　そして、その天使からの宝石のような言葉をその方へ紡いでいく瞬間に、私自身もその言葉を客観的に聞きながら（自分でその言葉を話しながら同時に聞いているので不思議な感覚でもあるのですが）、いつも天使の語ってくれる叡智と深い愛情に感心し、また、感動しているのです。
　天使からの言葉を受け取った方が、自分自身の唯一無二の素晴らしさに気づき、輝きはじめた姿を見た時、私は心から喜びを感じます。

　振り返れば、自己否定しがちだった子ども時代から、ヘアメイクの仕事でその人の外側を魅力的につくり上げていた時代、そして、異国の地で奮闘した子育てに、修行のような夫婦関係の中で自分探しをはじめた時代。
　そこから、天使との出会いを経て、今では人々の内側を見つめ、その人がもともと持っていたギフトに気づき、それを自分のものにしながら幸せになっていく姿を、私は日々見守っています。
　多くの人々の天使との邂逅（かいこう）という神聖な場面に目撃者と

して立ち会えることは、なんて光栄なことでしょう。

　これまでの私の軌跡は、すべて今ここにいる私に１本につながっていたのです。
　天使がいつも言うように、何ひとつ無駄なものはなく、何ひとつ間違いではなかったのです。
　きっと、私のこれからの道も、誰もがそうであるように回り道をしなければならなかったり、行き止まりにあったりしながらも、また新たな道へと続いていくはずです。
　でも、今の私なら、どんな道が目の前に現れても、もう楽しみながら歩いて行ける自分になれたのではないかな、と思えるのです。

　そんな私が、これからさらにやってみたいことがあります。
　１つは、過去35年のキャリアのある“外側を魅力的にする”メイクの仕事と、これまで15年やってきた“内側を輝かせる”天使のリーディングのセッションを、組み合わせて、内側と外側をトータルで輝かせるメソッドを新しいスタイルで行うことです。

　これについては、まだ、はっきりとしたイメージはないのですが、きっとまたいつか突然、「これだ！」と言う感覚

が降りてくると信じています。

　人々が内側からも外側からも美しくなれるお手伝いを、
またいつか、楽しみながらやっていけたらと思っています。

　もう1つは、現在も行っている「キラ星キッズ」という
子どもを持つ両親と子どものためのワークショップです。
　これは両親が自分の子どもが幼いうちに、子どもの魂の
資質を知り、その子の持つ才能を早い段階からサポートし
ていけるよう伝えていくワークです。
　今後は、教育者や、児童心理学などの専門家とこの活動
がコラボできたらいいなと思っています。
　これまでもそうであったように、私の思いは必ず実現し
てきたので、この夢もまたきっと天使との約束なのだと信
じています。

　そして引き続き、皆さんの天使からのメッセージを皆さ
んへお伝えしていきたいと思います。
　それこそが、私の幸せでもあり生きる理由でもあるから
です。

おわりに

　最後まで本書をお読みくださり、本当にありがとうござい
ました。
「おわりに」を書くにあたり、すべての文章を読み直してい
た時に、突然、あることを思い出したことを最後に記してお
きたいと思います。

　私が高校時代に、「ヘアメイクを職業にしよう！」と思った
いきさつを述べている個所において、今さらながらですが、
あるシンクロを発見したのです！
　それは、ショーケン（萩原健一さん）が撮影されていたド
ラマのタイトルです。
　すでに、ご存じの人も多いと思いますが、そのドラマのタ
イトルこそ、当時大人気だった「傷だらけの天使」でした！
　なんと、天使がその時から、すでに私にサインを送ってい
たのですね。
　当時の私は、数十年後に自分が天使とつながり、ワークを

行うことになるなど、これっぽっちも想像していなかったのですが、天使はその頃からすでに私を導いてくれたのかもしれません。

　天界のエネルギーは、とても軽やかです。

　天使は、時にはいたずらっ子のようにユーモラスな言い回しをしたり、ちょっぴりからかうような言葉で私たちの深刻さをほどいてくれたりします。

　天界から見たら、何事も深刻に捉えすぎてしまう人間のものの見方こそが生きづらさの原因になってしまい、生きる上での喜びを減らしてしまうのです。

　どんな人の天使も「自分自身の喜びと、他者への愛の表現」を体現した姿で現れます。

「喜び」こそが、原点であり、「ワクワク感」こそがその人の進む方向性になります。

　天使はよく言うのですが、「あなたが望むビジョンは、単に未来に起きる現実にすぎません。あなたは、あなたの想像をはるかに超えた未来をクリエイトできるのです」、と。

　そうなのです。私たちの可能性は無限大です。

　私たちは、制限などない世界を創る力を備えているのです。
　そのことをぜひ、覚えておいてほしいと思います。

　ちなみに、「与えの天使」の私にも叶えたい大きな夢があります。
　それは、この地球を「愛と調和の世界」にすることです。
　もちろん、自分が微力なことは知っています。
　昔の私なら、おこがましくて絶対に言えなかった言葉ですが、今では、どんな壮大な夢も堂々と口にした方がいいと思うようになりました。

　私は、世界中の同じ意識を共有する人々と手を取り合いながら、この夢を叶えたいと思っています。
　大きな夢を抱く人は、自分に制限をつくりません。
　なぜなら、その夢を叶えるための日々の選択に迷いやブレを生じることがないからです。
　そのことを意識するようになってからは、ますます宇宙意識を持つ方との出会いが増えて、たくさんの刺激と気づきを与えられています。

　きっとこの本を手に取ってくださったあなたも、同じように感じられているのではないでしょうか？

　最後に、今回この本を出版するにあたり、背中を押してくださったのは、まぎれもなくご縁をいただいたクライアントさんたちです。
　皆さまのその日の感動の涙や、その後の変化のご報告をいただけたことが私に伝える勇気を与えてくれました。

　そして、出版に関わってくださった（株）ヴォイスの社長、大森浩司さん。寛容な言葉をいただいたことで、初めての試みに緊張せずに自分らしさを出すことができました。
　さらには、作家プロデュースの山本時嗣さん。時ちゃんとの出会いがなければ、本書の出版のお話はなかったかもしれません。彼と偶然に再会したのが伊勢神宮の内宮だったことも、天使の計らいなのだと思います。
　続いて、素敵な天使のイラストを描いてくださった（株）エンライトメントのヒロ杉山さんと角田麻有さん。イラストを描いてくださるというお返事をいただいた時には、うれしくて涙が出ました。

　また、ブックデザインの染谷千秋さん。細かいリクエスト
にも応えてくださり、素敵に仕上げてくださいました。
　そして、ライター・編集の西元啓子さん。私の伝えたいこ
とを深く理解してくださり、導いてくださいました。
　さらには、35年来の友人であるヘアメイクアップ・アー
ティスト／ライフスタイルデザイナーの藤原美智子さん。
　私の本の出版を心から喜んでくださり、帯にあたたかい言
葉を添えてくださいました。ここに深く感謝いたします。

　皆さまのおかげで、また1つ天使との約束を果たせます。
　本当に、本当にありがとうございます。

　　──あなたがあなたの天使とつながり、
　　　あなたらしく生きる人生を送ることを祈って──

Yasuko

ソウル リフト アーティスト
Soul Lift Artist

Yasuko

東京出身、オーストラリア・ゴールドコースト在住。内なる魂の声を呼び覚ます Soul Lift Artist（ソウル・リフト・アーティスト）。一人ひとりをそれぞれ守り、導く守護天使＆スピリットガイド＝グレート・ガーディアンのメッセージを伝えるメッセンジャー。守護天使の姿を視覚的にとらえ、その姿からそれぞれが持つ「聖なるギフト」を伝えている。グレート・ガーディアン・ガイダンス・セッション（GGG セッション）を通して、魂の目的を思い出し、本来の自分を活かして生きる道へと誘う活動を続けている。現在はゴールドコーストを拠点に、個人セッション、オンラインセッションを行い、2008 年より、年に 3 回のペースで日本各地での個人セッションと、ワークショップも行っている。セッションでは、メッセージを聞くたびに自分軸が整い、人生が好転していくとリピーターも続出。「答えはすべて自分の中に」をコンセプトとして、天使と自分とのつながりを思い出し、眠っていた自己の能力を呼び覚ますための活動を行っている。2020 年より 12 のタイプの天使の波動を表現するオリジナルアロマスプレー、「Angel Veil」の販売も開始。オンラインでの購入も可能。

https://angel-love218.com/shop

ウェブサイト：https://angel-love218.com

アメブロ：https://ameblo.jp/angel-love218

Line オフィシャルアカウント：https://lin.ee/vHgCAJD

あなただけの天使に出会える Angel Book
エンジェル ブック

12の天使が教えてくれる、 あなたの聖なるギフトと生まれてきた理由

2020年5月15日　第1版第1刷発行

著　者	Yasuko
プロデュース	山本 時嗣
編　集	西元 啓子
イラストレーション監修 (12の天使)	エンライトメント
イラストレーション (12の天使)	角田 麻有（エンライトメント）
校　閲	野崎 清春
デザイン	染谷 千秋（8th Wonder）
発行者	大森 浩司
発行所	株式会社 ヴォイス　出版事業部
	〒106-0031
	東京都港区西麻布 3-24-17 広瀬ビル
	☎ 03-5474-5777（代表）
	☎ 03-3408-7473（編集）
	📠 03-5411-1939
	www.voice-inc.co.jp
印刷・製本	株式会社 光邦